VOGES

Abecedarium
zu
bauordnungsrechtlichen Anordnungen
in Niedersachsen

1.Auflage

Titelbild: Christian Voges/Göttingen
Alle Rechte liegen beim Autor
Herstellung:Books on Demand GmbH
ISBN 3-8311-3089-2

- I -

Inhalts- / Schlagwortverzeichnis

		Seite
Anhörung	-Gelegenheit zur Stellungnahme	1
Bestandsschutz	-formelle und/oder materielle Rechtmäßigkeit	6
Chance	-kein Bestandsschutz	12
Dulden	-Vollstreckungsmaß- nahme/Ermessensbindung	15
Ermessen	-Einschreiten-ob,wie	21
Fehler	-Un-/Beachtlichkeit	25
Gefahr	-Rechtfertigt behördliche Anordnung	29
Haftung	-Handlungsstörer, Zustandsstörer	36
Immissionen	-BImSchG	43
Jahr	-Ausschlußfrist	46
Kosten		51
Lasten	-Rechtsnachfolge bei Störerhaftung	55
Mittel	-Zwangsgeld, Ersatzvornahme, Versiegelung	59
Nachbar	-Anspruch auf Baustillegung	69
Öffentlich	- - Baurecht, - Interesse, - Ordnung, - Sicherheit	76
Pacht	-Untersagung der Nutzung	82
Qualität	-Verwaltungsakt	89
Rechte	-Rechtmäßigkeit, Schadensersatz	95

Sofort   - - Vollzug,   **104**
-ige Vollziehung

Tätigkeit   - Gleichheit,   **111**
verhältnismäßig

Untersagung   - Nutzung   **118**

Verwaltungsgericht- Rechtsschutz   **125**

Widerspruch   - Vorverfahren   **134**

Zustellung   - Fristbeginn   **145**

Anhang: **152**

Bundesimmissionsschutzgesetz (Auszug)
Bundesrechtsanwaltsordnung (Auszug)
Grundgesetz (Auszug)
Niedersächsische Bauordnung (Auszug)
Niedersächsisches
Gefahrenabwehrgesetz (Auszug)
Niedersächsisches
Verwaltungsvollstreckungsgesetz
(Auszug)
Gesetz über Ordnungswidrigkeiten
(Auszug)
Strafgesetzbuch (Auszug)
Verwaltungsgerichtsordnung (Auszug)
Verwaltungsverfahrensgesetz (Auszug)
Verwaltungszustellungsgesetz (Auszug)

Stichwortverzeichnis: **176**

Organigramm (Wegweiser)

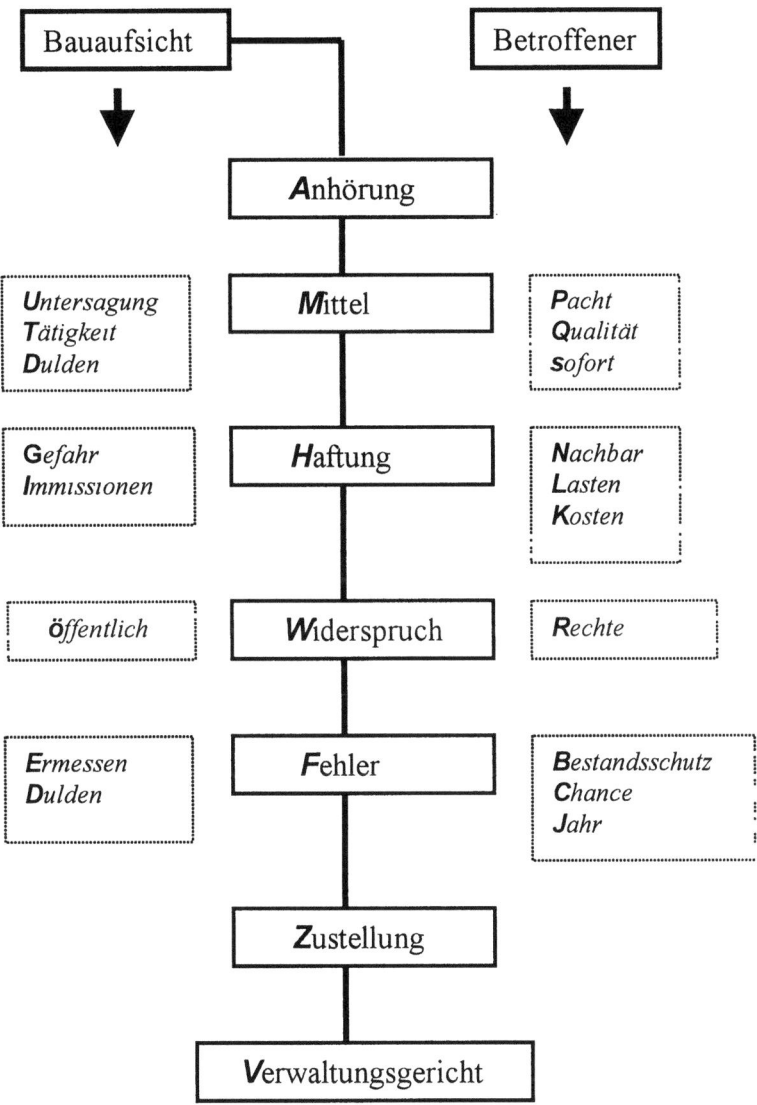

| Bauaufsicht | | Betroffener |

Anhörung

Untersagung	**M**ittel	**P**acht
Tätigkeit		**Q**ualität
Dulden		**s**ofort

Gefahr	**H**aftung	**N**achbar
Immissionen		**L**asten
		Kosten

| **ö**ffentlich | **W**iderspruch | **R**echte |

Ermessen	**F**ehler	**B**estandsschutz
Dulden		**C**hance
		Jahr

Zustellung

Verwaltungsgericht

Abkürzungsverzeichnis:

a.A.	-	anderer Ansicht
abl.	-	ablehnend
Abs.	-	Absatz
AG	-	Amtsgericht
Anm.	-	Anmerkung
Aufl.	-	Auflage
B.	-	Beschluß
BauGB	-	Baugesetzbuch
BauR	-	Zeitschrift für das gesamte öffentliche und zivile Baurecht
BayVGH	-	Bayerischer Verwaltungsgerichtshof
Bek.	-	Bekanntmachung
BGB	-	Bürgerliches Gesetzbuch
BGH	--	Bundesgerichtshof
BGHZ	-	Entscheidungen des Bundesgerichtshofes in Zivilsachen
BImSchG	-	Bundes-Immissions-schutzgesetz
BRS	-	Baurechtsammlung
BStBl.II	-	Bundessteuerblatt
BVerfG	-	Bundesverfassungsgericht
BVerwG	-	Bundesverwaltungsgericht
BVerwGE	-	Entscheidungen des Bundesverwaltungsgerichts
d	-	des
DokBer	-	Dokumentarische Berichte aus dem Bundesverwaltungs-gericht
DöV	-	Die öffentliche Verwaltung
DVBl	-	Deutsches Verwaltungsblatt
EBE/BGH	-	Eildienst: Bundesgericht-liche Entscheidungen

Engelhardt	-	/App, VwVG, VwZG, 4.Aufl. München 1996
f.	-	folgende Seite
ff.	-	folgende Seiten
GAA	-	Gewerbeaufsichtsamt
GB	-	Gerichtsbescheid
GmS-OGB	-	Gemeinsamer Senat der Obersten Gerichtshöfe des Bundes
Göhler	-	Ordnungswidrigkeitengesetz,12.Aufl.München1998
GewA	-	Gewerbearchiv
Götz	-	Allgemeines Polizei- und Ordnungsrecht,12.Aufl. Göttingen 1995
Hw.	-	Hinweis
i.d.F.	-	in der Fassung
i.S.d.	-	im Sinne des
Jäde	-	Bauaufsichtliche Maßnahmen, 2.Aufl., Stuttgart 2001
Jarass	-	Bundesimmissionsschutzgesetz, 4.Aufl., München 1999
Kopp, VwGO	-	/Schenke, VwGO, 12.Aufl. München 2000
Kopp, VwVfG	-	/Ramsauer, VwVfG, 7.Aufl.,München 2000
Lackner	-	/Kühl, Strafgesetzbuch, 23.Aufl.,München 1999
Landmann	-	/Rohmer, Umweltrecht
LG	-	Landgericht
LKV	-	Landes- und Kommunalverwaltung
m.	-	mit
MDR	-	Monatschrift für Deutsches Recht

M.V.	-	Mecklenburg-Vorpommern
MJ	-	Justizministerium
NBauO	-	Niedersächsische Bauordnung
Nds.	-	Niedersächsisch
NGefAG	-	Niedersächsisches Gefahrenabwehrgesetz
NdsRpfl.	-	Niedersächsische Rechtspflege
NdsVBl.	-	Niedersächsische Verwaltungsblätter
Nr.	-	Nummer
NuR	-	Natur und Recht
NJW	-	Neue Juristische Wochenschrift
NVwZ	-	Neue Zeitschrift für Verwaltungsrecht
NVwZ-RR	-	NVwZ-Rechtsprechungs-Report Verwaltungsrecht
öBaurecht BRS	-	öffentliches Baurecht BRS
OLG	-	Oberlandesgericht
OVG	-	Oberverwaltungsgericht
OVGE	-	Entscheidungen der Oberverwaltungsgerichte
Palandt	-	BGB, 60.Aufl., München 2001
RdL	-	Recht der Landwirtschaft
Rdnr.	-	Randnummer
Riedel	-	/Sußbauer, BRAGO, 8.Aufl. München 2000

Sadler	- VwVG, VwZG, 4.Aufl. Heidelberg 2000
Saipa	- NGefAG, Praxis der Gemeindeverwaltung
Schmaltz in: Große-Suchsdorf	- Große-Suchsdorf/ Lindorf/Schmaltz/ Wiechert,NBauO, 6. Aufl. Hannover 1996
Schmaltz	- Die Freistellung von Wohngebäuden vom Genehmigungs- vorbehalt nach § 69 a NBauO, NdsVBl. 95,241 ff.
ThürOVG	- Thüringer Oberver- waltungsgericht
U.	- Urteil
Ule BImSchG-Rspr.	- Ule/Laubinger, Bundesimmissions- schutzgesetz
UPR	- Umwelt und Planungsrecht
VG	- Verwaltungsgericht
VGH	- Verwaltungs- gerichtshof
v.	- vom
V.n.b.	- Veröffentlichung nicht bekannt
VersR	- Versicherungsrecht
VwVfG	- Verwaltungs- verfahrensgesetz
VwGO	- Verwaltungsge- richtsordnung
VwVG	- Verwaltungsvoll- streckungsgesetz

VwZG	- Verwaltungszustellungsgesetz
Wiechert in: Große-Suchsdorf	- Große-Suchsdorf/ Lindorf/Schmaltz/ Wiechert,NBauO, 6. Aufl. Hannover 1996
z.B.	- zum Beispiel
ZfBR	- Zeitschrift für deutsches und internationales Baurecht
ZMR	- Zeitschrift für Miet- und Raumrecht
4.BImSchV	- 4.Verordnung zur Durchführung des Bundes- Immissionsschutz- gesetzes (Ver- ordnung über genehmigungsbe- dürftige Anlagen - 4.BImSchV)

Anhörung

====================================

Behördliche **Tätigkeit** beginnt für den Betroffenen in der Regel mit der Anhörung zur beabsichtigten Anordnung, d.h., dem Betroffenen wird Gelegenheit zur *Stellungnahme* gegeben. Etwas anderes gilt (jedoch) beim Vorliegen einer **Gefahr** [1] .

Eine Anhörung erfolgt vor der (teilweise) *Ablehnung* einer beantragten Genehmigung ebenso wie vor behördlichem *Einschreiten* oder vor einer nachteiligen Entscheidung des **Verwaltungsgerichts**.

Mit der Anhörung vorgetragene Belange sind nur beachtlich, wenn es sich um **Rechte** des Betroffenen (z.B. **Bestandsschutz**) handelt.

---

1 § 89 Abs. 3 NBauO, § 28 Abs. 2 VwVfG

Versäumt der Betroffene die Stellungnahme innerhalb deren *Frist*, gibt es
Fälle, in denen er seine Belange
nicht mehr nachtragen kann (*Präklu-*
sion). Hierauf muß er jedoch hingewiesen worden sein.

Versäumt die *Behörde* die Anhörung,
ist dies ohne **Widerspruch** des Betroffenen unbeachtlich [2] und kann bei Widerspruch im Widerspruchsverfahren
nachgeholt werden *(Heilung)* [3].
Keiner Anhörung bedarf die Anordnung
der **sofort**igen Vollziehung [4].
Soll eine *Regelung* für eine Vielzahl
von Fällen ergehen [5], wird nicht nur

---

2 § 44 VwVfG, beim Bebauungsplan
  § 215 BauGB nach einem Jahr
3 § 45 Abs. 1 Nr. 3 VwVfG
4 Kopp, VwGO, Rdnr. 82 zu § 80;
  OVG Lüneburg, B.v.10.6.92 - 7 M
  3839/91,NVwZ-RR 93,585 =OVGE 42,489
5 veröffentlicht in der Tageszeitung

dem Betroffenen Gelegenheit zur Stellungnahme gegeben, sondern auch anderen für *Einwendungen* [6].

B e i s p i e l e:

Anhörung:

Bevor ich die Verfügung erlasse, gebe ich Ihnen gem. § 28 des Verwaltungsverfahrensgesetzes (VwVfG) hiermit Gelegenheit, innerhalb von 2 Wochen zu dem geschilderten Sachverhalt Stellung zu nehmen.

---

6 z.B. vor Aufstellung eines Bebauungsplans gemäß § 3 BauGB,- vor Planfeststellung einer Straße gemäß § 17 Bundesfernstraßengesetz (FStrG)

Bevor ich die Angelegenheit als Ordnungswidrigkeit weiterverfolge und eine ordnungsbehördliche Verfügung erlasse, gebe ich Ihnen hiermit Gelegenheit, sich innerhalb von zwei Wochen nach Zustellung dieses Schreibens zu äußern.

Anhörung:

Sofern Sie nicht bis zum ... die Nutzung eingestellt haben, beabsichtigte ich, die Nutzung durch Anordnung zu verbieten.

Der von Ihnen erbetenen Fristverlängerung kann ich nicht zustimmen. Ich gewähre Ihnen aber eine Nachfrist bis zum ... . Sollte mir bis zu diesem Zeitpunkt keine Stellungnahme von Ihnen vorliegen, werde ich das angekündigte Zwangsgeld festsetzen.

keine Anhörung
,sondern Aufforderung zur (freiwilligen) Befolgung:
Bitte teilen Sie mir mit, ob Sie dieser Verfahrensweise zustimmen.
Bitte teilen Sie mir mit, daß Sie die Nutzung als ... einstellen.

,sondern (anfechtbare) Anordnung:
Ich fordere Sie auf, das .... zu beseitigen. Sollten Sie dem nicht bis zum ... nachkommen, werde ich die erforderliche Anordnung durch kostenpflichtige Verfügung anordnen.

,sondern Androhung eines Zwangsmittels:
Sollten Sie der Anordnung nicht fristgerecht nachkommen, werde ich die Nutzung zwangsweise unterbinden.

┌─────────────────────────────────────┐
│ **Gelegenheit zur Stellungnahme** │
└─────────────────────────────────────┘

Bestandsschutz

===

Ist der Bestand durch frühere behördliche Genehmigung formell rechtmäßig
(formelle *Rechtmäßigkeit/ Legalität*),
schützt diese ihn (= *Bestandsschutz*),
solange sie nicht durch *Rücknahme*/Widerruf beseitigt wird.

Ist der Bestand nicht genehmigungspflichtig oder genehmigungspflichtig
und nicht genehmigt, entspricht oder
entsprach er aber irgendwann den ge-
setzlichen Anforderungen (materielle
Rechtmäßigkeit/Legalität), so ist
auch dieser Bestand geschützt (= *Bestandsschutz*), solange sein *Fortbestehen* gesetzlich nicht (anders)
geregelt wird [1].

---

1 BVerfG, B.v.24.7.00- 1 BvR 151.99,
   NVwZ 01,424; § 99 NBauO

Der Bestandsschutz umfaßt bauliche Veränderungen, wenn sie
- keine *statische Nachberechnung* erfordern,
- den Aufwand für einen Neubau nicht erreichen,
- die Bausubstanz nicht austauschen,
- das Bauvolumen nicht wesentlich erweitern [2],

und die *Nutzung* nicht für 3 Jahre unterbrochen [3] wurde.

Der Bestandsschutz läßt ebenso eine *Intensivierung* der Nutzung zu [4].

---

2 BVerwG, B.v.21.3.01- 4 B 18.01, ZfBR 01,501;
   BVerwG - IV C 75.71,DVBl 75,501
3 Schmaltz, Anm. zu Thür.OVG, B.v.29.11.99,DVBl 00,828
4 BVerwG, U.v.29.10.98- 4 C 9.97, DokBer. 2(99),42 = DVBl 99,244= BauR 99,228; a.A. Anm. Schmaltz, DVBl 99,247 ff.

Der *Beweis* dafür, daß und wie lange der Bestand materiell rechtmäßig ist/war, obliegt dem Betroffenen [5]. Die Eintragung in der Liegenschaftskarte oder die Steuerklasse erbringen diesen Beweis nicht.

Alte (auch Familien-) Fotos, Lufbilder, eine Grunddienstbarkeit oder die Aufforderung zum Anschluß an öffentliche Versorgungsleitungen, ggf. (auch) der entsprechende Beitragsbescheid, können den Bestand beweisen. Der Bestandsschutz erlischt durch *Entfernung/Zerstörung/Verfall* des Bauwerks [6].

---

5 OVG Lüneburg, B.v.14.02.2001
    - 1 L 2299/00,V.n.b.;
    OVG Münster,B.v.18.1.2001
    - 10 B 1898/00,BauR 01,758;
    VGH Kassel,B.v.10.11.94
    - 4 TH 1864.94,MDR 95,574
    =NVwZ-RR 95,321= BauR 95,679:
    Anspruch auf
    Duldungsverwaltungsakt
6 VGH Mannheim, B.v.1.7.98- 8 S
    1678.98,NuR 99,109 = UPR 99,236

Einen Anspruch auf *Baugenehmigung* begründet der Bestandsschutz nicht [7].

Der behördliche Bescheid, die Anlage zu **dulden** [8], ist keine Baugenehmigung oder *Zusicherung*, sondern der *Verzicht* auf das im behördlichen **Ermessen** stehende *Einschreiten*.

B e i s p i e l e:

Bestandsschutz:
Sie haben mir am ... die Baugenehmigung (Az....) zur Nutzung als Mehrzweckhalle erteilt.

---

7   BVerwG, B.v.18.7.97
     - 4 B 116.97,RdL 97,295 = BauR
     97,991 = UPR 98,32 = DöV 98,79 =
     NVwZ-RR 98,357 = ZfBR 98,215
8   Duldungsverwaltungsakt,
     VGH Kassel, a.a.O.;
     VGH Kassel, B.v.29.3.93-
     4 UE 470.90,BauR 94,229

Gemäß Betriebsbeschreibung dient diese auch dem Lagern von Baumaterialien . Sie haben daher meine jetzige Nutzung genehmigt und dürfen sie mir nicht untersagen.

Das Gebäude wurde schon immer zu Wohnzwecken genutzt. Ich habe lediglich Renovierungsarbeiten vorgenommen, die nicht genehmigungspflichtig sind.

<u>gegen Bestandsschutz:</u>

Gemäß § 78 Abs. 1 NBauO darf vor Erteilung der Baugenehmigung nicht mit der Baumaßnahme begonnen werden. Die hierfür erforderliche Baugenehmigung wurde bisher weder beantragt noch erteilt. Die o.g. durchgeführten Baumaßnahmen sind somit zur Zeit formell rechtswidrig.

<u>gegen Bestandsschutz:</u>

Genehmigt wurde Ihnen eine Mehrzweckhalle. Nach Ihrer Betriebsbeschreibung zur Baugenehmigung sollen Ihre Baumaschinen untergestellt und Materialien Ihres Baugeschäfts gelagert werden. Damit ist Ihre Nutzung der Mehrzweckhalle zum Verkauf von Baumaschinen und Baumaterialien unvereinbar.

<u>gegen Bestandsschutz:</u>

Sie geben an, daß lediglich Aufenthaltsräume dem heutigen Standard entsprechend hergerichtet wurden. Genau diese Aufenthaltsräume wurden in der Vergangenheit jedoch nie für dieses Gebäude genehmigt.

> **formelle und/oder materielle Rechtmäßigkeit**

Chance

Nicht unter den **Bestandsschutz** fällt
die Chance auf bauliche *Nutzung* eines
unbebauten Grundstücks oder auf
andere bauliche Nutzung oder auf
Erweiterung des Bestandes. Deren
Untersagung kann deshalb
bauordnungsrechtlich angeordnet
werden.

Die behördliche Untersagung der Nutzung kann aber dann einen **Fehler** bei
der Ausübung des behördlichen **Ermessen**s darstellen, wenn die Nutzung mit
einem *Genehmigungsantrag* (auch mit
dessen *Nachholung*) zur behördlichen
Entscheidung gestellt wird [1].

---

1 OVG Lüneburg, B.v.18.2.94
  - 1 M 5097.93,BauR 94,613;
  OVG Lüneburg, U.v.28.10.77
  - 1 A 98/70,OVGE 27,509
  VGH Kassel, B.v.13.2.98
  - 4 TZ 1692/97,ZfBR 99,47

Voraussetzung für diese ausnahmsweise
ausgeschlossene Nutzungsuntersagung
ist, daß entweder die Genehmigungsfä-
higkeit offensichtlich ist oder *Vertrauensschutz* auf Grund behördlichen
Verhaltens besteht [2]. Ist eine lega-
lisierende Rechtsänderung mit Sicherheit abzusehen, ist die Beseitigungsanordnung ebenfalls ermessensfehlerhaft [3].

Ein Bauvorbescheid (§ 74 NBauO) enthält die Feststellung, daß ein Bauvorhaben wie erfragt zulässig ist,
und er bindet die *Behörde* 3 Jahre
lang bei der Baugenehmigungsentschei-
dung und einem Anpassungsverlangen (§
99 Abs. 4 NBauO) [4].

---

2 Schmaltz in: Große-Suchsdorf,
  Rdnr. 20 zu § 89
3 Schmaltz in: Große-Suchsdorf,
  Rdnr. 45 zu § 89
4 Schmaltz in: Große-Suchsdorf,
  Rdnr. 11 zu § 74

Ohne Widerruf des Bauvorbescheides ist daher eine Nutzungs-/oder Beseitigungsanordnung ausgeschlossen.

B e i s p i e l e:

Antrag:
Zunächst stelle ich hier den Antrag, meinen jetzigen Weideunterstand für meine Pferde weiter nutzen zu können. Ich werde ihn zur einen Seite öffnen. Ich werde nur noch Futter lagern.

Antragsablehnung:
Ihre vorgeschlagene Umgestaltung ist nicht ausreichend, um einem offenen Weideunterstand nach dem Freistellungskatalog des § 5 der Landschaftsschutzgebietsverordnung zu ähneln.

---

kein Bestandsschutz

Dulden

===

Im Rahmen einer behördlichen Maßnahme
gegen den *Mieter* und/oder *Besitzer*
muß (auch) gegen den *Eigentümer* eine
Duldungsanordnung ergehen, wenn der
Anordnung die *Pflichten* des Mie-
ters/Besitzers entgegenstehen [1] oder
der Eigentümer dasselbe will oder
kann [2].

Richtet sich die behördliche Anordnung gegen den Eigentümer, bedarf es
der Duldungsanordnung gegen den Mieter [3].

---

1 VGH Kassel, B.v.15.9.94
   - 4 TH 655.94,MDR 95,575
2 OVG Lüneburg, B.v.9.5.96
   - 6 M 2239/96, V.n.b.
3 BayVGH, B.v.13.8.92 - 2 CS
   92.1618,BauR 92,613 =NJW 93,82
   auch gegen Ehegatten als Mieter:
   Jäde Rdnr. 209

Keiner Duldungsanordnung gegenüber einem *Bauherrn* bedarf es, der später ein dingliches *Nutzungsrecht* erworben hat [4]. Gegen einen früher Berechtigten darf zur *Durchsetzung* einer *Baugenehmigungsauflage* keine Duldung angeordnet werden [5]. Erfordert die behördliche Anordnung bauliche Eingriffe sowohl in das *Sondereigentum* als auch in das *Gemeinschaftseigentum*, kann sich der in Anspruch genommene Sondereigentümer nicht darauf berufen, daß gegen die Gemeinschaft keine Duldungsanordnung ergangen sei, wenn die gegen den Sondereigentümer gerichtete Anordnung dem *Verwalter* zur *Kenntnis* gegeben wurde und dieser keinen **Widerspruch** erhob [6].

---

4 BayVGH, U.v.22.4.92
  - 2 B 90.1348,NJW 93,81
5 BayVGH, B.v.6.12.00- 25 ZS/CS
  00.279,BauR 01,774=NVwZ-RR 01,577
6 OVG Berlin, B.v.30.8.90 - OVG 2 S
  13.90,DöV 91,557

Für die Duldungsanordnung sind *Rechtsmängel* der behördlichen Maßnahme unerheblich [7].

Fehlt eine Duldungsanordnung, verhindert dies nur die *Vollstreckung* [8] der behördlichen Anordnung.
Streitverkündung oder Streithilfe sind vor dem Verwaltungsgericht nicht zulässig [9] und eine Beiladung in diesen Fällen nicht notwendig [10], weil nicht das Urteil über den Streitgegenstand (die bauordnungsrechtliche Anordnung), sondern erst die Duldungsanordnung eine unmittelbare rechtliche Betroffenheit auslöst.

---

7 OVG Berlin, B.v.28.2.97- 2 S 28.96,LKV 97,368 =UPR 98,75
8 VGH Mannheim, U.v.16.4.94 - 8 S 52.94,NVwZ-RR 95,120; BVerwG,U.v.28.4.72- 4 C 42.69, BVerwGE 40,101 ff. (103)
9 Kopp,VwGO, Rdnr. 2 zu § 64 VwGO, Rdnr. 2 zu § 65 VwGO
10 Kopp,VwGO, Rdnr. 17 a zu § 65 VwGO

Eine Duldungsanordnung kann für **sofort** vollziehbar erklärt werden und mit den Vollstreckungs-**Mittel**n durchgesetzt werden [11]. Sie überwindet das entgegenstehende Recht des (Mit-) Besitzers, des (Mit-) *Gesellschafters*, des *Ehegatten/Lebenspartners*, des (Mit-, Vor-) *Erben*, ggf. (§ 2120 BGB) des Nacherben, des *Nießbrauchers* und desjenigen, der aufgrund eines *Urteils*/Titels gegen den Betroffenen ein der Vollstreckung der Anordnung entgegestehendes Recht hat.

Durch behördliches Dulden der Nutzung und Nichtentscheidung des Bauantrags wird späteres behördliches Ermessen bezüglich der **Untersagung** der Nutzung auf Null reduziert, also das Einschreiten unmöglich gemacht [12].

---

11 § 89 Abs.4 NBauO, § 67 Abs. 2 Satz 2 NGefAG; a.A.Jäde,Rdnr.206
12 OVG Lüneburg, B.v.18.2.94-1 M 5097/93,BauR 94,613 =BRS 56 Nr.210

Gleiches gilt erst Recht, wenn die
Bauaufsichtsbehörde ihre Duldung
durch Bescheid oder Zusicherung
bestätigt hat [13].

Duldet die Gemeinde die Nutzung ihres
Weges, kann nicht die Beseitigung einer baulichen Anlage wegen nicht ge-
sicherter Erschließung angeordnet
werden [14].

B e i s p i e l e:

Einverständniserklärung zur Abwendung
einer vollstreckbaren Duldungsanordnung:

Hiermit erkläre ich mich als
Eigentümer des Flurstücks 1 Flur 2

---

13 § 38 VwVfG
14 BVerwG, U.v.3.5.88
   - 4 C 54.85,NuR 89,433

mit der von der Stadt A beabsichtigten Maßnahme (Anordnung zur ...) und allen erforderlichen Maßnahmen, die unter Umständen zur zwangsweisen Durchsetzung dieser Anordnung auf dem vorgenannten Grundstück erforderlich werden können, unwiderruflich einverstanden.

<u>keine behördliche Duldung</u>:

Nach Ihren Angaben besteht das Gebäude seit ca. fünf Jahren. Mir ist als untere Bauaufsichtsbehörde diese widerrechtliche Errichtung erst bei meiner Routinekontrolle am ... aufgefallen. Ich habe dann unverzüglich die erforderlichen Schritte eingeleitet.

Vollstreckungsmaßnahme, / Ermessensbindung

Ermessen

═══════════════════════════════

Gegen bauliche Zustände ohne *Bestandsschutz* müssen nicht, sondern können [1] behördlich Maßnahmen angeordnet werden.

Dieses Ermessen [2] muß in mehrfacher Hinsicht ausgeübt werden, zum ersten, ob eingeschritten wird, zum zweiten, mit welchem **Mittel**. Wenn das Einschreiten die *Rücknahme* früherer behördlicher Tätigkeit zur *Beseitigung* des **Bestandsschutzes** voraussetzt, muß das Ermessen hierzu ein weiteres Mal ausgeübt werden [3].

---

1 § 89 NBauO
2 § 40 VwVfG
3 behördlich verkannt bei
   Gebührenänderungen:
   VG Hannover, B.v.23.4.01
   - 12 B 5710/00,V.n.b.

Grenzen der *Ausübung* des Ermessens
sind die sorgfältige *Ermittlung* des
Sachverhalts (u.a. durch **Anhörung**),
sachgerechte Erwägungen (**Dulden**, Koppelungsverbot), *Gleichbehandlung* [4]
und *Verhältnismäßigkeit* [5]. Hat die
Behörde ihr Ermessen fehlerhaft ausgeübt und der Betroffene **Widerspruch**
eingelegt, so ist der Behörde eine
Heilung nur begrenzt möglich. Bei
Fehlern in der Beurteilung der
Rechtslage darf das **Verwaltungsgericht** die Anordnung nicht mit anderen
Erwägungen aufrechterhalten [6].

---

4   BVerwG, B.v.23.11.98
    - 4 B 99.98,BauR 99,734
    rechtswidrige Baugenehmigung als
    Berufungsfall:
    OVG Lüneburg, U.v.31.3.95
    - 1 L 4223.93,NdsRPfl. 95,334
    =BauR 95,831 =NVwZ-RR 96,6
    =UPR 96,39 =NdsVBl. 96,136
5   nur gegen Teile, auch wenn Rest
    baurechtswidrig bleibt:
    VGH Mannheim, U.v.27.6.91- 8 S
    456.91,UPR 92,35 =BauR 92,364
6   OVG Lüneburg, U.v.29.3.84
    - 1 A 164/82,NdsRPfl. 84,303

An die *Begründung* der Ermessensaus-
übung werden bei *Nutzungsuntersagung*
geringere *Anforderungen* gestellt als
bei Beseitigungsanordnungen [7].

Die **Untersagung** der *Nutzung* mit der
Begründung, das Bauvorhaben sei
(noch) nicht gemäß *Baugenehmigung* (=
formelle *Legalität*) *fertiggestellt*,
kann jedoch nicht aufrechterhalten
werden durch *Auswechslung* der Begründung, die Baugenehmigung sei zwar erfüllt, aber es fehle eine zur Nutzung
weitere (notwendige) Baugenehmigung
(= formelle Illegalität) [8].

---

7 OVG Lüneburg, B.v.8.5.87
  - 6 B 10/87,NVwZ 89,170
  OVG Koblenz, U.v.22.5.96
  - 8 A 11880.95,BauR 97,103
  OVG Weimar, U.v.11.12.97- 1 KO
  674.95,ZfBR 98,215 =UPR 98,319
8 OVG Münster, B.v.3.5.01- 10 B
  311/01,öBaurecht BRS 01 (4),19

Der **Nachbar** hat wegen dieses behördlichen Ermessens grundsätzlich keinen
Anspruch auf eine bestimmte behördliche Maßnahme.

B e i s p i e l :

Ermessensbegründung für eine Beseitigungsanordnung:
Die Beseitigungsverfügung ist ermes-
sensfehlerfrei ergangen. Sie verstößt
nicht gegen den Grundsatz der Verhältnismäßigkeit. Die Beseitigung
dient dem legitimen Zweck, die Vorschriften einzuhalten und Schäden zu
beseitigen. Sie ist geeignet und erforderlich, die Einhaltung der Vorschriften sicherzustellen.

Einschreiten – ob, wie

Fehler

Rügt der Betroffene (durch **Wider-spruch**) Fehler behördlicher **Tätig-keit**, die nicht zu deren Nichtigkeit führen, ist bis zum Abschluß eines Verfahrens vor dem **Verwaltungsgericht** deren *Heilung* zulässig (bei Verfah-rens- oder Formfehlern) [1]. Nur be-grenzt heilbar sind Irrtümer [2] oder Fehler bei der Ausübung behördlichen **Ermessens** [3]. Unterlassene **Anhörung** oder *Begründung* entschuldigen das Unterlassen des **frist**gemäßen Wider-spruchs [4].

---

1 §§ 44,45,46,47 VwVfG
2 Kopp, VwVfG, Rdnr. 17 zu § 46
3 Kopp, VwVfG, Rdnr.32 zu § 46
4 § 45 Abs. 3 VwVfG

Die Behörde kann auch auf Grund eigener Erkenntnis oder auf Grund des Widerspruchs des **Nachbar**n die *Rücknahme* oder Aufhebung ihrer fehlerhaften behördlichen Tätigkeit anordnen.

Fehler bei der Anordnung der **soforti**gen Vollziehung oder bei den **Mittel**n zur Durchsetzung einer bauordnungsrechtlichen Anordnung wirken sich auf die *Vollstreckung* aus. Fehler der behördlichen Anordnung selbst führen hingegen zur Rechtswidrigkeit der Anordnung und schließen deshalb auch deren sofortige Vollziehung oder *Zwang* aus. So kann z.B. eine **Gefahr** behördliche Tätigkeit rechtfertigen, allein deshalb muß sie aber nicht auch die Anordnung der sofortigen Vollziehung oder des gewählten Mittels zur Durchsetzung begründen.

Besteht jedoch z.B. in Wirklichkeit keine Gefahr, ist schon die behördliche Anordnung rechtswidrig und sind deshalb auch die Anordnung ihrer sofortigen Vollziehung und des angeordneten Mittels zur Durchsetzung rechtswidrig.

Werden Fehler behördlicher Tätigkeit vom Betroffenen nicht rechtzeitig gerügt, obwohl er zur *Mitwirkung* verpflichtet ist, trägt er die Kosten des Verfahrens.

Wird gegen eine fehlerhafte behördliche Tätigkeit das Rechtsmittel unterlassen, hat der Betroffene keine **Rechte** auf *Schadensersatz* [5].

---

5 § 839 Abs. 3 BGB, § 254 BGB

B e i s p i e l :

<u>mangels konkreter Fakten unzulässige
Anordnung der sofortigen Vollziehung</u>:

Die Anordnung der sofortigen Vollziehung hinsichtlich der Beseitigung des
Lagerplatzes beruht auf § 80 Abs. 2
Nr. 4,1.Alt.VwGO. Von illegalen
Lagerplätzen geht eine ganz
erhebliche Nachahmungsgefahr aus. Der
dort jetzt vorhandene Zustand kann
einerseits demonstrieren, dass man
sich - zumindest vorübergehend- mit
Erfolg über das Gesetz hinwegsetzen
kann. Ein solcher Erfolg verleitet
leicht zur Nachahmung. Andererseits
begründet dieser Zustand für
unbeteiligte Dritte nicht selten den
Anschein materieller Legalität.

Un-/Beachtlichkeit

Gefahr

Wenn die **Anhörung** des Betroffenen mit hoher Wahrscheinlichkeit zur Folge hätte, daß die behördliche Tätigkeit zu spät käme (= Gefahr im Verzug), bedarf es ihrer nicht [1].

Rechtfertigt eine Gefahr die behördliche Anordnung, so gilt dies nicht automatisch auch für die Anordnung deren **sofort**iger Vollziehung; nur ausnahmsweise muß das Rechtsschutzinteresse des Betroffenen hinter dem besonderen öffentlichen Vollziehungsinteresse zurücktreten [2].

---

1 § 28 Abs. 2 VwVfG,
   § 89 Abs. 3 NBauO;
   Kopp,VwVfG, Rdnr.52 zu § 28
2 § 80 Abs. 2 Nr. 4 VWGO;
   Kopp, VwGO, Rdnr. 85 zu § 80

Zur Abwehr einer gegenwärtigen Gefahr kann behördliche Tätigkeit ohne vorherige Anordnung mit **Zwangsmittel**n sofort vollzogen werden[3] .

Bestand keine Gefahr, rechtfertigt deren *Anschein* (= Anscheinsgefahr) die unterlassene Anhörung vor behördlicher Anordnung [4], nicht aber die Anordnung der sofortigen Vollziehung[5], erst recht nicht den sofortigen Vollzug behördlicher Tätigkeit ohne vorherige Anordnung [6].

Die behördliche Anordnung richtet sich i.d.R. gegen den Verantwortlichen im Rahmen seiner **Haftung**, aber

---

3 § 64 Abs. 2 Nr.1 NGefAG;
    OVG Lüneburg,B.v.5.7.99
    - 11 L 1391/99,V.n.b.
4 Kopp, VwVfG, Rdnr. 53 zu § 28
5 Kopp, VwGO, Rdnr. 87 zu § 80
6 Saipa, NGefAG, Rdnr. 3.3 zu § 64

primär gegen den, der die Gefahr am
schnellsten und wirksamsten beseitigen kann [7] (anderenfalls **Fehler** bei
der **Ermessen**sausübung).

Der Mieter kann behördliche Maßnahmen
dann abwehren, wenn eine Gefahr für
seine *Gesundheit* zu befürchten ist [8].

Nur bei konkreter Gefahr, wenn also
deren Eintritt hinreichend wahr-
scheinlich ist, kann eine *Anpassung*
bestehender baulicher Anlagen an die
geltenden *Brandschutzanforderunge*n
verlangt werden [9].

---

7 Schmaltz in:
   Große-Suchsdorf, Rdnr. 71 zu § 89
8 BVerwG, U.v.11.5.89
   - 4 C 1/88,BVerwGE 82,61 ff.;
   VG Hannover, U.v.10.8.2000
   - 4 A 1115/99,V.n.b.
9 OVG Hamburg, B.v.4.1.96- BS II
   61.95,BauR 96,694=NVwZ-RR 97,466
   VGH Kassel, B.v.18.10.99- 4 TG
   3007.97,BauR 00,553= DöV 00,338
   = DVBl 00,831=UPR 00,280=NVwZ-RR
   00,581=ZfBR 00,570

Hingegen können auch bei nur abstrakter Gefahr (ohne akute Einsturzgefahr) Maßnahmen zur *Wiederherstellung* der Standsicherheit angeordnet werden [10].

Die Anordnung, auf Grund einer Gefahr ein *Sachverständigen-Bodengutachten* zur Beschaffenheit des aufgeschütteten *Bodens* beizubringen, besagt nichts über die **Kosten**tragung: Soll mit ihr erst erforscht werden, ob eine Gefahr besteht, ist sie als eine *Gefahrerforschungsmaßnahme* unzulässig [11].

---

10 VGH Mannheim, B.v.12.5.99- 8 S 963.99,ZfBR 00,70=BauR 00,864
11 in Nds.: OVG Lüneburg, B.v.4.5.01- 1 L 2562/00, V.n.b.
in Hessen bei erheblichen Zweifel an Standsicherheit Anordnung Gutachten keine Gefahrerforschung: VGH Kassel,B.v.24.6.91-4 TH 899.91,DVBl 92,43 =NVwZ-RR 92,288

Hat die Behörde aber selbst aufgrund des *Amtsermittlungsgrundsatz*es eine Gefahr ermittelt, kann sie zur Klärung von Umfang und Ausmaß der Gefahr und/oder ihrer Beseitigung den Betroffenen heranziehen [12] (= zulässige Gefahrerforschung). Stellt sich heraus, daß <u>keine Gefahr</u> vorlag, trifft den Betroffenen <u>keine Kostenlast</u>[13].

Wenn das Bodengutachten nur das "Wie" der Gefahr/Beseitigung klären soll, also wohin der zu beseitigende Boden verbracht werden soll, kann seine Beibringung nach § 89 NBauO angeordnet werden [14].

---

12 OVG Lüneburg, B.v.4.5.2001, a.a.O.
13 OVG Lüneburg, 1 LB 1654/01(1 L 2562/00); Götz, Rdnr. 155
14 OVG Lüneburg, B.v.4.5.2001,a.a.O.: ist nicht dem Recht der Abfallbeseitigung, dem Bodenrecht oder dem Wasserrecht und den dafür zuständigen Behörden zugewiesen

Das Abfallgesetz schließt auch im übrigen eine bauordnungsrechtliche Anordnung nicht aus, wenn den Bestimmungen der Baugenehmigung zuwider gehandelt wurde [15].

Nach einer *Beseitigungsanordnung* bedarf die *Untersuchungsanordnung* aber besonderer Begründung. Denn der Beseitigungsanordnung liegt die Annahme einer Gefahr zugrunde. Daher kann nicht (mehr nachträglich) untersucht werden, ob eine Gefahr vorliegt. Jedoch läßt die Beseitigungsanordnung den Umgang mit dem zu beseitigenden Material offen und ist insoweit begründbar [16].

---

15 BVerwG, B.v.10.11.93- 4 B 185/93,DVBl 94,344 =NVwZ 94,296 =DöV 94,267 =NuR 94,135=RdL 94,161
16 OVG Lüneburg, B.v.4.5.2001, a.a.O.

Ist ein *Genehmigungsantrag* nach dem BImSchG gestellt, verdrängt §20 BImSchG die Ermächtigung des § 89 NBauO zur Untersagung, Stillegung und Beseitigung [17] und ist die Bauaufsichtsbehörde deshalb unzuständig.

B e i s p i e l:

für Bodengutachten, wohin der zu beseitigende Boden soll:

Das Auffüllungsgelände befindet sich innerhalb der Trinkwasserschutzzone III b. Der aufgeschüttete Boden ist augenscheinlich verschmutzt mit u.a. Schlacken, die häufig solche Schadstoffauffälligkeit aufweisen, daß diese Stoffe der Sonderabfallbeseitigung zuzuführen sind.

Rechtfertigt behördliche Anordnung

---

17 VGH Kassel, U.v.26.2.93- 4 TH 771/ 92, Ule BImSchG-Rspr.NR.39,S.3, zu § 20; Jarass,Rdnr.4a zu § 20

Haftung

===

Für dem **öffentlichen** Baurecht (§ 2
Abs. 10 NBauO) widersprechende (=
baurechtswidrige) Zustände sind der
Bauaufsichtsbehörde verantwortlich
Bauherr (§ 57 NBauO), Entwurfsverfas-
ser (§ 58 NBauO), Unternehmer (§ 59
NBauO), *Eigentümer/Besitzer* (§ 61
NBauO - *Zustandsstörer*) und die durch
eigenes Verhalten verursachenden Per-
sonen (§ 62 NBauO- *Handlungsstörer*).
Die *Auswahl* wie das Einschreiten
liegt im behördlichen **Ermessen** (§ 89
Abs. 2 NBauO).

Der Bauherr ist wegen der (unbeschadet privater Rechte [1]) erteilten *Baugenehmigung* privatrechtlich nicht zur
Grundstücksnutzung befugt.

---

[1] Schmaltz in:
Große-Suchsdorf, Rdnr. 95 zu § 75

Der Eigentümer muß daher aufgrund der Baugenehmigung angeordnete Maßnahmen nicht dulden, so daß eine Anordnung zur **Tätigkeit** gegen den Bauherrn ungeeignet und zu deren **Dulden** gegen den Eigentümer unzulässig ist. Dies hat zur Folge, daß nur die **Untersagung** der Nutzung in Betracht kommt [2]. Der Bauherr haftet nur bis zur Fertigstellung des Bauvorhabens[3].

---

2 BayVGH, B.v.6.12.2000
 - 25 ZS/CS 00.279,BauR 01,774
 a.A. OVG Koblenz,U.v.25.1.90- 1 A
 77/87,BauR 90,345 =DöV 90,844;
 BayVGH, U.v.22.4.92
 - 2 B 90.1348,NJW 93,81
 zur Inanspruchnahme des Mieters:
 OVG Weimar,B.v.27.2.97
 - 1 EO 233, UPR 97,479

3 OVG Lüneburg, U.v.21.1.00
 - 1 L 4202.99,ZfBR 00,349 ff.(352)
 =NdsVBl. 00,142 =DVBl 00,831
 =BauR 00,1030 =UPR 01,157
 sein Rechtsnachfolger ist der der
 Baugenehmigung:
 OVG Münster,U.v.10.12.96-10 A
 4248/92,NVwZ-RR 98,159 ff.(160)

Ordnet die Behörde an, die Maßnahme erst nach *Bestandskraft* ihrer Anordnung durchzuführen, ist dennoch eine Sachänderung (z.B. Beendigung der **Pacht**) unerheblich [4].

Nach einer behördlichen Anordnung haftet für diese der *Rechtsnachfolger* (§ 89 Abs. 2 Satz 3 NBauO), allerdings nicht für eine nur durch *Vergleich* vor dem Verwaltungsgericht übernommene Verpflichtung [5]. Die Rechtsnachfolge macht die Bauaufsichtsbehörde durch Überleitungsverfügung geltend.

Eine behördlichen Anordnung erfaßt den Rechtsnachfolger des Zustandsstörer. Es haftet der jeweilige Eigentümer.

---

4 OVG Lüneburg, U.v.21.1.00, a.a.O.
5 OVG Lüneburg, B.v.24.5.94- 1 M 1066/94,BauR 94,616 =NJW 94,3309

Infolgedessen haftet der frühere Eigentümer [6] mit Eintragung des neuen im Grundbuch nicht mehr. Dies gilt aber nicht hinsichtlich der kaufvertraglichen Regelung über die Tragung der **Lasten**.

Weil beim Handlungsstörer, also demjenigen, der auf Grund seines Verhaltens haftet, die Rechtsnachfolge streitig ist, kann deswegen der Zustandsstörer, also derjenige, der auf Grund der Eigentumsverhältnisse haftet, ausgewählt werden [7].

---

6 VGH Mannheim, U.v.30.4.96- 10 S 2163/95,UPR 96,394 =DöV 96,1057 =NVwZ-RR 97,267; OVG Münster, U.v.23.4.96- 10 A 3565/92,UPR 96, 393 =BauR 96,700 =NVwZ-RR 97,12 a.A. Wiechert in: Große -Suchsdorf,Rdnr. 6 zu § 61, und im Widerspruch zum nur andere Personen, also nicht den Eigentümer,erfassenden § 62 NBauO
7 VGH Mannheim, B.v.25.10.99- 8 S 2407.99,NuR 00,333 =UPR 00,313

Im Wege der Gesamtrechtsnachfolge kann die Verpflichtung zur Beseitigung eines baurechtswidrigen Zustandes auch dann übergehen, wenn keine diese Pflicht konkretisierende Anordnung bestand [8], daher dann auch vom Rechtsnachfolger auf dessen Rechtsnachfolger.

Nach *Betriebsaufspaltung* ist Rechtsnachfolger des Handlungsstörers nicht die *Besitzgesellschaft*, sondern die *Betriebsgesellschaft*. Bei gesellschaftsrechtlicher *Umwandlung* nimmt die Rechtsprechung Rechtsnachfolge an[9].

Hat der Handlungsstörer das Grundstück mit *Freistellungsklausel* [10]

---

8 OVG Lüneburg, B.v.7.3.97
   - 7 M 3628/96,=NdsVBl. 97,212
   =NJW 98,97
9 OVG Münster, U.v.29.3.84
   - 12 A 2194/82,UPR 84,279
10 von allen - auch den im
   öffentlichen Recht wurzelnden -
   Folgekosten freizustellen

verkauft, ist seine Heranziehung ein unnötig belastender Umweg [11].

Bei *Miteigentümern* ist das Auswahlermessen bei Nutzungsuntersagung reduziert auf den *Doppelstörer*, also den Miteigentümer (= Zustandsstörer), der gleichzeitig nutzt (= Handlungsstörer) [12].

Gleiches gilt bei Anordnung der Abstützung einer *Grenzmauer* [13]. Bei Mitverursachung (*Grenzgiebel*) können mehrere Störer gleichzeitig in Anspruch genommen werden [14].

---

11 OVG Lüneburg, B.v.7.3.97, a.a.O.
12 BayVGH, U.v.23.2.89-
   Nr. 2 B 87.01634,BauR 90,202
13 VGH Kassel, B.v.21.3.88
   - 4 TH 3794/87,NVwZ-RR 89,137
14 VGH Mannheim, U.v.28.4.89
   - 8 S 3669/88,NVwZ-RR 89,593

Die Haftung umfaßt (auch) die **Kosten**. Von der Anordnung, ein Gutachten beizubringen, zu unterscheiden ist aber, wer dessen Kosten trägt. Die Haftung desjenigen, der behördlich hätte in Anspruch genommen werden können, begründet grundsätzlich keine Ausgleichspflicht.

B e i s p i e l :
Überleitungsverfügung gegen Rechtsnachfolger:
Meine Nutzungsuntersagungsverfügung gegen den Grundstückseigentümer Herrn X ist bestandskräftig. Das betroffene Flurstück haben Sie gepachtet. Daher richtet sich meine Nutzungsuntersagungsverfügung gegen Sie als Rechtsnachfolger. Ich drohe Ihnen ein Zwangsgeld von ... für den Fall der Zuwiderhandlung an.

Handlungsstörer, Zustandsstörer

Immissionen

================================

Gegen *Anlagen*, die nicht im Anhang zu
§ 1 der 4.BImSchV genannt sind, kann
nicht nur das *Gewerbeaufsichtsamt*,
sondern auch die Bauaufsichtsbehörde
nach ihrem **Ermessen**, auch zum Schutz
des **Nachbar**n, einschreiten [1], die
dann die *Betreiberpflichten* nach § 22
BImSchG zu beurteilen hat [2]. Für die
Untersagung des *Betriebs* der Anlage
hat § 25 BImSchG keinen Vorrang [3].

Gegen nach dem BImSchG genehmigungsbedürftige Anlagen sind bauordnungsrechtliche Anordnungen hingegen nur
selten zulässig [4].

----

1 Landmann, Rdnr. 10 zu § 24 BImSchG
2 Jarass, Rdnr. 2 zu § 24
3 Jarass, Rdnr. 18 zu § 25
4 Landmann,Rdnr. 14 zu § 20 BImSchG;
   unzulässig: Jarass,Rdnr.4a zu § 20
   VGH Kassel,U.v.26.2.93
   - 4 TH 771/ 92, in:Ule BImSchG-
   Rspr. Nr. 39, S.3 zu § 20

Das gilt erst Recht nach Stellung des
Genehmigungsantrages [5].

Hängt die *Genehmigungspflicht* nach
dem BImSchG von der Größe oder Leistung der Anlage ab (z.B. *Lagerplatz*
für staubende Güter: Bewegung von
mehr als 200 Tonnen je Tag), ist die
mögliche höchste Leistung maßgebend [6]
mit der Folge, daß bauordnungsrechtliche Anordnungen bei tatsächlich ge-
ringerer Leistung unzulässig sind.
Ist die Anlage nach dem BImSchG genehmigt, aber nicht mehr nach der
4.BImSchV genehmigungspflichtig, bedarf sie keiner *Baugenehmigung*
(mehr), weil diese nach § 13 BImSchG
eingeschlossen ist [7].

---

5 Schmaltz in:
   Große-Suchsdorf,Rdnr.11 zu § 89
6 Landmann, Rdnr. 10 zu Anh.Nr.10
   4.BImSchV;
   § 1 Abs.1 Satz 3 4.BImSchV
7 Schmaltz in:
   Große-Suchsdorf,Rdnr.12 zu § 68

Für eine *Änderung* einer genehmigungsbedürftigen Anlage nach § 15 BImSchG
ohne BImSchG-Genehmigung ist die Baugenehmigung erforderlich [8], so daß
bei deren Fehlen bauordnungsrechtliche Anordnungen zulässig sind.

B e i s p i e l :

Begründung für die Zuständigkeit der
Bauaufsichtsbehörde:
Da der Lagerplatz nicht mit der nach
§ 4 BImSchG genehmigten Anlage im Zu-
sammenhang steht, ist eine vorrangige
Zuständigkeit des Gewerbeaufsichts-
amtes nicht zu erkennen, so daß je-
denfalls bauaufsichtliches Einschreiten nicht ausgeschlossen ist.

BImSchG

---

[8] Jarass, Rdnr. 29 zu § 15

Jahr

=====================================

Ist die *Rechtsbehelfsbelehrung* unter einem behördlichen Bescheid unterblieben oder unrichtig, ist der Rechtsbehelf binnen Jahres statt binnen Monats zulässig [1]. Eine unrichtige Belehrung liegt z.B. vor bei der **Zustellung** mit Belehrung, die Rechtsbehelfsfrist beginne mit *Bekanntgabe* [2] oder wenn ein schriftlicher Bescheid mit Widerspruchsbelehrung eine mündliche Anordnung lediglich als vergangenes Ereignis wiedergibt und die Zustellung vorgeschrieben ist [3].

---

1 § 58 Abs. 1 VwGO
2 OVG Münster, U.v.25.2.2000
   - 14 A 4921/99,NVwZ 01,212;
   ebenso BSG, U.v.6.12.96- 13 RJ
   19.96,DöV 98,42 =NVwZ 98,109;
   a.A. BVerwG, U.v.27.9.90- 8 C
   70/88,NJW 91,508 =NvwZ 91,261
3 OVG Münster, U.v.25.2.2000,a.a.O.

Auf *Kenntnis* oder Unkenntnis der
Unrichtigkeit, des richtigen
Rechtsbehelfs und der Jahresfrist
kommt es nicht an.

Ergeht auf einen **Widerspruch** keine
Entscheidung, ist nach 3 Monaten die
Klage zum **Verwaltungsgericht** zulässig
[4] ohne zeitliche *Ausschlußfrist* [5].

Die Rücknahme einer Baugenehmigung
ist zwar nur binnen Jahresfrist zulässig [6]. Jedoch beginnt diese Frist
erst, wenn der Behörde erstens die
Rechtswidrigkeit der Baugenehmigung
bewußt ist und zweitens der
Entscheidungsträger (Oberkreis-/

---

4 § 75 VwGO
5 § 76 VwGO ist weggefallen,
   Verwirkung des Klagerechts ist nur
   ausnahmsweise möglich,
   vgl. Kopp, Rdnr. 2 zu § 76 VwGO
6 § 48 Abs. 4 VwVfG

Stadtdirektor) die Rücknahme anordnet[7].

Bleibt der Nachbar gegen ein Bauvorhaben 1 Jahr untätig, hat er seinen Anspruch auf Einschreiten verwirkt [8].

Die zivilrechtliche *Verjährung* bei der Zusicherung von Eigenschaften eines Grundstücks durch den Verkäufer, die ein Jahr beträgt [9], ist für die **Haftung** gegenüber der Bauaufsichtsbehörde wie für deren **Dulden** ebenso unerheblich wie für den **Bestandsschutz**[10].

---

7 OVG Lüneburg, B.v.16.07.1999
   - 1 M 2754/99, S.5 -V.n.b.
8 BVerwG, B.v.13.12.99
   - 4 B 101.99,ZfBR 01,143
   VG Hannover, U.v.15.12.94
   - 4 A 4849/93, V.n.b.
9 §§ 477, 459 Abs. 2 BGB
10 ausgenommen Versuchsbetrieb nach
   § 1 der *4.BImSchV*

<u>B e i s p i e l e</u> :

<u>unterlassene Rechtsmittelbelehrung</u>
<u>und keine bloße Anhörung</u>:

Ich fordere Sie auf, das .... zu beseitigen.
Sollten Sie dem nicht bis zum ...
nachkommen, werde ich die
erforderliche Anordnung durch kostenpflichtige Verfügung anordnen.

<u>unterlassene Rechtsmittelbelehrung</u>
<u>zur Stillegung (nicht aber zur Mit-</u>
<u>teilung der Versiegelung)</u>:

Sie haben entgegen der von meinem
Mitarbeiter am ... mündlich gegenüber
dem Bauführer Herrn ... ausgespro-
chenen sofortigen Stillegung die Bauarbeiten fortgesetzt. Ich habe deshalb die Baustelle am ... versiegelt.

Ich weise Sie darauf hin, daß Sie sich nunmehr des Siegelbruchs nach §136 Abs. 2 StGB strafbar machen, wenn Sie dennoch die Bauarbeiten fortsetzen.

<u>unterlassene Rechtsmittelbelehrung zur Duldungsanordnung</u>:

Anliegende Durchschrift meiner Beseitigungsanordnung gegen Ihre Pächterin, Firma ..., übersende ich Ihnen als Grundstückseigentümer zur Kenntnisnahme.

Aussschlußfrist

Kosten

===

Der Betroffene muß die ihm entstandenen Kosten selbst dann tragen, wenn
die behördliche Anordnung zu Unrecht
erfolgte und er dies durch **Widerspruch** abwenden konnte [1].

Befolgt der Betroffene wegen seines
Widerspruchs die Anordnung nicht und
führt die Behörde die gebotene Handlung mit dem (*Vollstreckungs-*) **Mittel**
der *Ersatzvornahme* aus, schiebt der
Widerspruch des Betroffenen gegen den
Kostenbescheid [2] die *Zahlungspflicht*
auf [3].

---

1   § 839 Abs. 3 BGB
2   OVG Lüneburg, U.v.14.11.97
    - 6 L 6340/95,NdsVBl. 98,141
3   VG Hannover, B.v.27.5.97
    - 11 B 2526/97,NVwZ-RR 98,311:
    weder Kosten i.S.d. § 80 Abs. 2
    Nr. 1 VwGO noch Zwangsmittel
    i.S.d. § 64 Abs. 4 NGefAG

Liegen die Vollstreckungsvorausset-
zungen vor, trägt der Betroffene die
notwendigen Kosten, selbst wenn sie
geringer angedroht waren[4].

Die Anordnung, ein *Gutachten* einzuho-
len, ob eine **Gefahr** besteht, begründet dann keine Kostentragungspflicht
des Betroffenen, wenn sie als
Gefahrerforschung unzulässig oder
zwar zulässig ist, sich aber die
Gefahr nicht bestätigt [5].

Unabhängig vom Gutachtenergebnis
schließen Ziffer 5.6 der Besonderen
Bedingungen und Risikobeschreibungen
für die *Umwelthaftpflicht*-Basisversi-
cherung solche Kosten aus.

Der Gutachter kann vom Betroffenen
keine Zahlung verlangen [6].

---

4 OVG Lüneburg, U.v.14.11.97
   - 6 L 6340/95,NdsVBl.98,141
5 VGH Kassel, B.v.11.10.90
   - 14 TH 2428/90,UPR 91,197;
   Götz Rdnr.155
6 AG Stadthagen, U.v.2.5.01
   - 4 C 1319/00 (II),V.n.b.

Die **Haftung** desjenigen, der behördlich hätte in Anspruch genommen werden können, begründet keine *Aus-*
gleichspflicht, weder als *Gesamt-*
schuldner nach § 426 BGB noch nach
den Grundsätzen der *Geschäftsführung*
ohne Auftrag nach §§ 677, 683 BGB, es
sei denn, der Inanspruchgenommene war
auch in dessem Interesse tätig, ohne
daß er von ihm (z.B. als beeinträch-
tigter Eigentümer) dazu (unentgeltlich) hätte gezwungen werden können[7].
Gleiches gilt, wenn die Anordnung
auch im Interesse des **Nachbarn** ergeht.
Streitverkündung oder Streithilfe
sind vor dem Verwaltungsgericht nicht
zulässig [8] und eine Beiladung in diesen Fällen nicht notwendig [9], weil
das Urteil über den Streitgegenstand,

---

7 BGH, U.v.1.12.95- V ZR 9/94,
   NJW 96,845 =UPR 96,141 =NuR 96,481
8 Kopp,VwGO, Rdnr. 2 zu § 64 VwGO,
   Rdnr. 2 zu § 65 VwGO
9 Kopp,VwGO, Rdnr. 17 a zu § 65 VwGO

die bauordnungsrechtliche Anordnung,
gegenüber demjenigen, der behördlich
hätte in Anspruch genommen werden
können, keine rechtsgestaltende
Wirkung entfaltet.

Bilanzsteuerrechtlich ist nach Erhalt
der Anordnung für die Kosten eine
gewinnmindernde *Rückstellung* zu
bilden[10].
Gemäß § 73 StGB und § 29 a OWiG müssen die Kosten für die Anordnung bei
Verfallanordnung nicht abgezogen werden [11], sind aber nach dem Opportuni-
tätsprinzip zu berücksichtigen [12].
Während des *Konkurs*es entstandene
Kosten für die Anordnung sind wie
Masseverbindlichkeiten zu werten [13].

---

10 BFH, U.v.19.10.93
    - VIII R 14/92,BStBl. II 93,891
11 Lackner, Rdnr. 4a zu § 73
12 Göhler, Rdnr. 8 zu § 29 a
13 OVG M.-V.,U.v.16.1.97
    - 3 L 94/96,DVBl 98,98

Lasten

===

Einem Verstoß gegen eine *Baulast* kann mit einer behördlichen Anordnung begegnet werden [1].
Für eine Baulast haftet der Verkäufer nicht (§ 436 BGB). Die **Haftung** für eine **Gefahr** geht zwar ebenfalls auf den Grundstückskäufer über, jedoch nicht als öffentliche Last, sondern weil er *Rechtsnachfolger* ist.

Behördliche Anordnungen können Rechts- oder Sachmängel sein. Jeder Kaufvertrag über ein Grundstück bestimmt einerseits, daß der Verkäufer das Grundstück frei von Rechten Dritter (sonst *Rechtsmängel*) überträgt, und andererseits, daß der Vertragsgegenstand in seinem augenblick-

---

1 OVG Berlin, U.v.29.10.93- OVG 2 B 35.92,MDR 94,481= GewA 94,346 = NJW 94,2971

lichen Zustand auf den Käufer über-
geht, der Verkäufer also auch mit einer fehlerhaften oder mängelbehafte-
ten Sache (= Sachmangel) seine kauf-
vertragliche Hauptpflicht erfüllt.
Dabei ergibt sich erst aus der Art
der *Beschränkung*, ob öffentlich-
rechtliche Eingriffe, Bindungen oder
Beschränkungen Rechtsmängel sind oder
Sachmängel [2]. Ein Rechtsmangel liegt
vor, wenn das Eigentum (nur) ohne
rechtlichen Bestand verschafft werden
kann [3] oder die Beschränkung aus
Gründen des Gemeinwohls besteht und
vom Verkäufer nicht beseitigt werden
kann [4].
Der Unterschied zwischen Rechts- und
Sachmangel ist gravierend. Denn bei
im Grundbuch nicht eingetragenen
(eintragungsfähigen) Rechtsmängeln

---

2 Palandt, Rdnr. 6 zu § 434
3 BGH, U.v.5.12.90- VIII ZR 75.90,
   BGHZ 113,106 ff.(112)
4 Palandt, Rdnr. 6 zu § 434

ist der bei Sachmängeln vereinbarte übliche Gewährleistungsausschluß nicht möglich [5], es haftet also immer der Verkäufer. Die Haftung gegenüber der Behörde trifft hingegen den Käufer als Zustandstörer.

Wenn eine (rechtmäßige) behördliche **Untersagung** aus Gründen des Gemeinwohls erfolgt und der Verkäufer den Rechtsmangel durch Befolgen der Anordnung (noch) beseitigen kann, besteht kein Rechtsmangel (mehr).

Ein Rechtsmangel kann die aus einer angeordneten **Tätigkeit** folgende Beschränkung sein, z.B. die *Beseitigungsanordnung*, weil sie den rechtlichen Bestand beseitigt. Demgemäß ist für eine ausgewogene Vertragsregelung der *Notar* auf behördliche Anordnungen hinzuweisen.

---

5 Palandt, Rdnr. 1 zu § 434

Führt die behördliche Anordnung nicht zu einem Rechts-, sondern zu einem Sachmangel, stimmen der Gewährleistungsausschluß und die Rechtsnachfolge überein. Dennoch empfiehlt sich zur Streitvermeidung auch hier deren Regelung im Kaufvertrag.

Mit der Grundbucheintragung des Käufers endet die Befugnis des Verkäufers zum **Widerspruch**/Klage gegen eine Anordnung, auch wenn die ihm belehrte Frist noch nicht abgelaufen ist [6]. Hingegen wird die gegen den Verkäufer gerichtete bauaufsichtliche Anordnung rechtswidrig, wenn während des Widerspruchsverfahrens der Eigentümerwechsel eintritt [7].

Rechtsnachfolge bei Störerhaftung

6   OVG Greifswald, B.v.12.12.00
    - 2 M 81/00,NVwZ-RR 01,7V;
7   OVG Münster, U.v.23.4.96- 10 A
    3565/92, NVwZ-RR 97,12
    =UPR 96,393 =BauR 96,700

Mittel

Die Mittel zur *Durchsetzung* einer bauordnungsrechtlichen Anordnung sind *Zwangsgeld*, die *Ersatzvornahme* oder der unmittelbare *Zwang* (§89 Abs.4, §§ 64 bis 74 NGefAG) sowie die *Versiegelung*. Auch eine Anordnung zum **Dulden** kann mit Mitteln des *Verwaltungszwanges* durchgesetzt werden, weil sie nicht rechtsgestaltend wirkt, sondern die zu duldende Maßnahme gestattet werden muß [1]. Ein Zwangsgeld darf nicht angedroht und festgesetzt werden, wenn die gesetzte *Frist* nicht eingehalten werden mußte, weil der Widerspruch gegen die Anordnung aufschiebende Wirkung hatte[2].

---

1 § 89 Abs.4 NBauO, § 67 Abs.2 Satz 2 NGefAG;a.A.Jäde, Rdnr. 206
2 OVG Schleswig,U.v.4.6.91 - 4 L 62/91,NVwZ-RR 92,44 OVG Münster, U.v.2.3.01 - 7 A 5020/98,BauR 01,1090

Setzt die Behörde nach *Androhung* ein
Zwangsgeld fest, ist dies nicht
(mehr) zu zahlen, wenn der Betroffene
die gebotene Handlung/zu duldende
Handlung ausgeführt/gestattet hat [3].
Bei gebotener **Untersagung** (*Baustillegung*) ist die Zwangsgeldfestsetzung
nach einer Zuwiderhandlung zulässig,
auch wenn die Anordnung zuvor befolgt
wurde [4].
Ein Zwangsgeld darf nicht mehr vollstreckt werden, wenn kein weiterer
Verstoß zu erwarten ist (z.B. *Bauvollendung*) [5].

---

3 § 89 Abs. 4 NBauO, § 67 Abs. 2
   Satz 2 NGefAG
4 OVG Lüneburg, B.v.22.7.99
   - 1 M 2760/99,V.n.b.; ebenso die
   erneute Zwangsgeldandrohung/-
   festsetzung vor Vollstreckung,
   OVG Lüneburg, B.v.11.3.88
   - 13 B 125/88,NVwZ 1988,654
5 Schmaltz in:
   Große-Suchsdorf, Rdnr.114 zu § 89

Der **Widerspruch** gegen die Zwangsgeld-
festsetzung/-androhung schiebt die
Zahlungspflicht nicht auf [6]. Er ist
begründet, wenn das angedrohte
Zwangsgeld nicht beziffert ist ("bis
zu ...") [7], bei trennbaren
Anordnungen nicht unterscheidet [8]
oder "für jeden Fall der
Zuwiderhandlung" gelten soll [9].
Eine offensichtliche Genehmigungsfä-
higkeit der untersagten Nutzung ist
für die Zwangsgeldfestsetzung unerheblich [10].

---

6 § 89 Abs. 4 NBauO,
   § 64 Abs. 4 NGefAG
7 § 89 Abs. 4 NBauO,
   § 70 Abs. 3 Satz 1 NGefAG
8 OVG Lüneburg, U.v.21.1.99
   - 1 L 2065/96,BauR 99,882
9 BVerwG, GB v.26.6.97- 1 A
   10.95,DVBl 98,230 =NVwZ 98,393
   wohl auch OVG Lüneburg, vgl.
   B.v.30.11.99- 1 L 3475/99,V.n.b.
10 OVG Lüneburg, B.v.22.7.99, a.a.O.

Bei der *Vollstreckung* des Zwangsgeldes (Mahnung nicht erforderlich, § 4 Abs. 4 NVwVG) durch *Pfändungs- und Überweisungsbeschluß* eines Kontos muß die Behörde dessen treuhänderische Bindung gegen sich gelten lassen [11]. Die *Verrechnung* eines Guthabens des Betroffenen mit einer unanfechtbaren Zwangsgeldanforderung ist zulässig [12]. Wird der für die Sachpfändung erforderliche *Zutritt* zur Wohnung/Geschäftsraum/Grundstück verweigert, bedarf es eines richterlichen Durchsuchungsbeschlusses (§ 9 NVwVG). Eine *Sicherungshypothek* ist nur bei Identität von Schuldner und Grundstückseigentümer zulässig (§ 2 NVwVG) [13].

---

11 BGH, U.v.16.12.99
   - IX ZR 270/98,NJW 00,1270
12 OVG Lüneburg, U.v.26.1.90
   - 1 L 6/89,BauR 91,199
13 VG Weimar, B.v.23.7.01
   - 3 E 171/01.We, V.n.b.

Die Durchführung der Ersatzvornahme
ist nach Ablauf der Androhungsfrist
(§ 70 Abs.1 Satz 2 NGefAG) ohne Festsetzung zulässig [14] und erledigt deren Anordnung nicht (die *Befolgung*
erledigt hingegen die bauordnungsrechtliche Anordnung und schließt
auch eine Sachentscheidung des Verwaltungsgerichts aus [15]), weil sie
Grundlage eines **Kosten**ersatzanspruchs
ist [16].
Ein Widerspruch gegen den Bescheid
über die Kosten der Ersatzvornahme
schiebt die Zahlungspflicht auf [17].

---

14 Saipa, Rdnr. 6 zu § 64;
15 VGH Mannheim, U.v.31.1.92- 5 S
   2737/91,RdL 92,222 =UPR 92,395
16 OVG Lüneburg, B.v.5.7.99
   - 11 L 1391/99, V.n.b.;
   BVerwG, B.v.17.11.98
   - 4 B 100/98,BauR 99,733:nur bei
   möglicher Rückgängigmachung
17 VG Hannover, B.v.27.5.97
   - 11 B 2526/97, NVwZ-RR 98,311
   VG Hannover, B.v.31.8.98
   - 11 B 1273/98, NVwZ-RR 99,118

Unmittelbarer Zwang kann nur angewendet werden, wenn andere Zwangsmittel nicht in Betracht kommen oder keinen Erfolg versprechen (§ 69 Abs. 6 NGefAG).

Mit der Versiegelung werden Baustillegung und Nutzungsverbot durchgesetzt [18] . Der Anordnung ihrer sofortigen Vollziehung bedarf es nicht [19].

Anordnungen im Rahmen der Verwaltungsvollstreckung wirken nicht gegenüber dem Rechtsnachfolger (§ 2 NVwVG, Ausnahme nur Erben § 18 VwVG) [20] .

Hingegen führt die Rechtsnachfolge in der **Haftung** (während des Verfahrens

---

18 Schmaltz in:
   Große-Suchsdorf, Rdnr. 115 zu § 89
19 OVG Lüneburg, B.v.27.9.83
   - 6 OVG B 87/83,NdsRpfl.84,48
20 Jäde, Rdnr. 231

vor dem Verwaltungsgericht) nicht zur Rechtswidrigkeit der Anordnung [21].

Zwangsmittel, daher auch das Zwangsgeld, schließen ein Bußgeld nicht aus (§ 65 Abs. 3 NGefAG).

B e i s p i e l e :

Zwangsgeldandrohung:

Hiermit fordern wir Sie auf, den auf den im Betreff genannten Flurstücken angelegten Lagerplatz für Boden bzw. Mineralgemisch zu beseitigen und von sämtlichen Ablagerungen sofort zu räumen.

---

21 OVG Lüneburg, U.v.21.1.00
   - 1 L 4202.99,NdsVBl 00,142
   =DVBl 00,831 =ZfBR 00,349
   =BauR 00,1030 =UPR 01,157

Für den Fall, daß Sie dieser Verfügung nicht oder nicht ausreichend
nachkommen, drohen wir Ihnen gemäß §
89 Abs. 4 NBAuO in Verbindung mit §§
64,67 und 70 NGefAG für den Verstoß
gegen die Beseitigungsanordnung ein
Zwangsgeld in Höhe von ... an.

<u>Zwangsgeldfestsetzung:</u>

Wegen Verstoßes gegen Verfügungspunkt
1 meines ordnungsbehördlichen Be-
scheides vom ... setze ich hiermit
das Ihnen in diesem Bescheid für den
Fall der Nichtbefolgung meiner
Verfügung angedrohte Zwangsgeld in
Höhe von ... gem. § 67 NGefAG fest.
Der Betrag ist innerhalb von zwei
Wochen nach Zustellung dieses
Schreibens auf eines der u.a. Konten
zu überweisen.

Für den Fall, dass Sie meiner Forderung erneut nicht nachkommen, werde ich gem. der §§ 64,65 und 67 NGefAG ein Zwangsgeld in Höhe von ... DM gegen Sie festsetzen, was ich Ihnen hiermit gem. § 70 NGefAG ausdrücklich androhe.

Androhung Ersatzvornahme:

Hiermit fordern wir Sie zur Beibringung eines Sachverständigen-Bodengutachtens betreffend die Beschaffenheit des aufgeschütteten Bodens auf dem oben genannten Grundstück auf. Das Gutachten ist auf 5 Baggerschürfen und deren 5 Mischproben zu stützen. Die Untersuchungsparameter ... .

Die sofortige Vollziehung dieser bauordnungsbehördlichen Verfügung wird hiermit angeordnet.

Für den Fall, daß Sie dieser Verfügung binnen einer Frist von acht Wochen nach ihrer Zustellung nicht oder nicht ausreichend nachkommen, drohen wir Ihnen gemäß § 89 Abs. 4 NBauO in Verbindung mit den §§ 65, 66 und 70 NGefAG an, die oben genannte Anordnung im Wege der Ersatzvornahme auf Ihre Kosten durchzuführen oder durchführen zu lassen.

Die Kosten der Maßnahme werden ca. ... betragen.

Diese Verfügung ergeht kostenpflichtig. Die Höhe der Kosten, die Sie zu tragen haben, entnehmen Sie bitte beiliegendem Kostenfestsetzungsbescheid.

Begründung: ......

Zwangsgeld, Ersatzvornahme, Versiegelung

Nachbar

Mit der Begründung, sein **Bestands-schutz** verböte die bauplanungs- und bauordnungsrechtlich zulässige Bebauung, kann der Nachbar keinen **Widerspruch** gegen eine Baugenehmigung erheben. Vielmehr liegt die **Haftung** für die **Gefahr** bei demjenigen, von dem sie ausgeht, und nicht dort, wo sie sich auswirkt [1].

Der Nachbar hat gegenüber der Bauauf-sichtsbehörde dann einen Anspruch auf Ausübung ihres **Ermessen**s, ob eine bauordnungsrechtliche Anordnung zu erlassen ist, wenn eine nachbarschüt-zende Spezialvorschrift oder die **öffentliche** Sicherheit, die auch

---

[1] VG Frankfurt, U.v.23.5.00 - 7 K 906/98,LKV 01,322: grenzständiger Schornstein zum grenzständigen Fenster

(körperliche) Rechtsgüter des Nachbarn schützt, verletzt ist [2].

Einen Anspruch auf Beseitigungsanordnung hat der Nachbar nur, wenn ihn der baurechtswidrige Zustand nicht unerheblich beeinträchtigt bzw. spürbar beschränkt, so daß das behördliche **Ermessen** auf Null reduziert ist [3]. Diese Einschränkung besteht auch bei baugenehmigungsfreien Vorhaben [4].

---

2   VGH München, B.v.9.11.98- 1 CS
     98.2821,NVwZ 99,446 ff.(447)
3   OVG Lüneburg, U.v.29.10.93- 6 L
     3295/91,BauR 94,86 =MDR 94,62
     = NdsRPfl. 94,51 = OVGE 44,384
     OVG Lüneburg, B.v.2.7.92- 6 M
     3244/92,RdL 93,56 =UPR 93,226
     BVerwG, B.v.9.2.00- 4 B 11.00,
     BauR 00,1318 =ZfBR 00,490
4   Schmaltz in:
     Große-Suchsdorf, Rdnr.46 zu § 69 a
     Schmaltz, NdsVBl.95,248, empfiehlt
     vorläufigen Rechtsschutz vor
     dem Zivilgericht

Ein Anspruch des Nachbarn auf Beseitigungsanordnung erstreckt sich nicht automatisch auch auf deren *Durchsetzung* [5].

Kein Anspruch des Nachbarn auf behördliche Anordnung besteht, wenn behördlich geduldete baurechtswidrige Zustände zu seinen Lasten ein *Notwegerecht* begründen [6].

Die *Baustilllegung* kann der Nachbar schon verlangen, wenn ein Eingriff in seine **Rechte** zu erwarten ist [7]. Diese darf allerdings nicht schon der *Baugenehmigung* als *Auflage* beigefügt werden [8].

---

5   BVerwG, B.v.13.7.94- 4 B 129.94,
    BauR 94,740 =UPR 94,450
    =NVwZ 95,272
6   BVerwG, U.v.4.6.96- 4 C 15.95,
    BauR 96,841 =NVwZ-RR 97,271
    =NuR 97,185 =UPR 96,390
    =ZfBR 97,48 =DöV 97,41 =DVBl 97,78
7   BayVGH, B.v.12.2.88
    - 2 CE 88.00071,BauR 89,187
8   OVG Münster, B.v.24.4.67
    - VII B 99/67,OVGE 23,173

Der Nachbar hat bis kurz vor *Baubeginn* zu warten [9] und sich auf die verhältnismäßige Anordnung zu beschränken [10]. Bei *Bauvollendung* ist wegen der bevorstehenden Nutzung die Stillegungsanordnung gerechtfertigt [11]. Bleibt der Nachbar hingegen 1 Jahr untätig, hat er seinen Anspruch auf Einschreiten verwirkt [12].

Verlangt die Bauaufsichtsbehörde eine Baulasterklärung des Nachbarn, kann der Bauherr diese gegen den Nachbarn aus einer (gleichlautenden) *Grunddienstbarkeit* nur durchsetzen [13],

---

9 VG Hannover, B.v.29.1.01
   - 4 B 6195/00,V.n.b.
10 VG Hannover, B.v.10.8.00
   - 4 A 1115/99, V.n.b.
11 OVG Münster, B.v.11.9.00
   - 10 B 939/00,BauR 01,380
12 BVerwG, B.v.13.12.99
   - 4 B 101.99,ZfBR 01,143
   VG Hannover, U.v.15.12.94
   - 4 A 4849/93, V.n.b.
13 zusammenfassend BGH, U.v.3.7.92
   - V ZR 218/91,NJW 92,2885 ff.
   und BGH, U.v.26.10.90
   - V ZR 105/89,EBE/BGH 90,405 ff.

wenn sie erstens zum Zwecke der baulichen Nutzung bestellt wurde, zweitens die *Baulast* zwingende Voraussetzung für die Bebauung ist [14] und ihr
drittens entnommen werden kann, daß
der Nachbar unentgeltlich eine Baulast übernehmen wolle.

Der Anspruch auf Eintragung der
Grunddienstbarkeit ins Grundbuch ver-
jährt - z.B. auch auf Grund eines
Pachtvertrages - in 30 Jahren[15].

Fehlt die Vereinbarung einer Grunddienstbarkeit, kann schon deshalb die
Erschließung nicht gesichert sein [16].

---

14 auch wenn dies durch Abbruch des
   bestandsgeschützten Gebäudes
   herbeigeführt wurde- so
   Hanseatisches Oberlandesgericht-
   11 U 153/99 gg. LG Hamburg,
   U.v.28.07.99- 325 O 354/99,V.n.b.
15 BGH, U.v.17.12.99- V ZR 448/98,
   RdL 00,66 =MDR 00,383
16 OLG Düsseldorf, U.v.29.11.99
   - 9 U 64/99,DöV 00,645

Erhält der Bauherr die Baulast nicht,
haftet die Behörde nicht auf Schadensersatz [17].

B e i s p i e l e :

Antrag des Nachbarn auf Anordnung der
Beseitigung:

Ich fordere Sie als zuständige Bauaufsichtsbehörde auf, der Firma X
bzw. deren Rechtsnachfolgerin aufzu-
geben, die auf dem meinem Grundstück
benachbarten Flurstück 1 errichtete
Stellplatzfläche zu beseitigen und
sofort die Nutzung dieser
Stellplatzfläche zu unterlassen.

---

17 BGH, U.v.6.7.00- III ZR 340/98,
   NJW 00,2996 =ZfBR 00,560
   =UPR 00,452 =BauR 00,1856
   =MDR 00,1375

Antrag des Nachbarn auf Durchsetzung einer Anordnung:

Ich fordere Sie auf, Ihre gegen die Firma X verfügte Nutzungsuntersagung zu vollstrecken.

Antrag des Nachbarn auf Baustillegung:

Ich fordere Sie auf, die Arbeiten zum Ausbau des Dachgeschosses des Hauses ... stillzulegen, ggf. bis zum Nachweis der Standsicherheit.

Begründung:

Die Standsicherheit ist nicht gegeben, weil ... . Es bestehen daher erhebliche Zweifel an der Erklärung des Entwurfsverfassers gemäß § 6 Nr.2 PrüfeVO, daß die von ihm für die Baumaßnahmen aufgestellten Nachweise über die Standsicherheit dem öffentlichen Baurecht entsprechen.

Anspruch auf Baustillegung

öffentlich

öffentliches Baurecht

Gemäß § 89 NBauO ist Voraussetzung für eine Anordnung der Widerspruch gegen öffentliches Baurecht, zu dem gemäß § 2 Abs. 10 NBauO (auch) "sonstige Vorschriften des öffentlichen Rechts" zählen, "die Anforderungen an bauliche Anlagen, Bauprodukte oder Baumaßnahmen stellen oder die Bebaubarkeit von Grundstücken regeln". Nicht dazu zählt der Verstoß gegen *vertragliche Pflichten*, auch wenn diese öffentliches Recht betreffen [1].

Diese Bestimmungen begründen die Zuständigkeit der Bauaufsichtsbehörde anstelle der *Fachbehörde*, wenn der

---

1   BVerwG, U.v.13.2.76- IV C 44.74,NJW 76,1516 =DöV 76,353

Fachbehörde eine Eingriffsbefugnis fehlt [2].

Zusätzlich zur Fachbehörde ist die Bauaufsichtsbehörde zuständig, wenn eine *Baugenehmigung* erforderlich wäre, lediglich für vorläufige Anordnungen, wenn eine die Baugenehmigung einschließende fachgesetzliche Genehmigung erforderlich wäre [3].

Außerdem begrenzt das Erfordernis der **Gefahr** die Zuständigkeit der Bauaufsichtsbehörde [4], wobei sich die Anforderungen hierfür nach dem Schutzgut und Schaden richten.

---

2 OVG Lüneburg, U.v.5.11.85- 1 A 151/84, BRS 44 Nr. 143 (LWaldG)
3 Schmaltz in: Große-Suchsdorf, Rdnr. 11 zu § 89
4 OVG Lüneburg, B.v.2.6.98 - 6 M 2171/98, V.n.b.

öffentliches Interesse

Der **Widerspruch** gegen eine Anordnung hat *aufschiebende Wirkung* mit der Folge, daß sie solange nicht befolgt werden muß. Zur schnellen Durchsetzung kann jedoch die **sofort**ige Vollziehung angeordnet werden, wenn für sie ein besonderes öffentliches Interesse besteht. Hiergegen kann der Betroffene beim **Verwaltungsgericht** die *Wiederherstellung* der aufschiebenden Wirkung seines Widerspruchs beantragen.

öffentliche Ordnung

Ein Verstoß gegen die öffentliche Ordnung allein rechtfertigt eine Anordnung nicht. Jedoch kann gegen ein solches Verhalten eingegriffen werden, wenn es unzumutbare Belästigungen oder Verkehrsbehinderungen (§ 1 Abs. 1 Satz 3 NBauO) hervorruft oder bauplanungsrechtlich unzulässig ist.

öffentliche Sicherheit

Die öffentliche Sicherheit (§ 1 Abs. 1 Satz 1 NBauO) ist Bestandteil des öffentlichen Baurechts und rechtfertigt bauordnungsrechtliche Anordnungen (§§ 89 Abs. 1, § 2 Abs. 10 NBauO). Sie wird nicht beeinträchtigt, wenn ausschließlich (z.B. Vertrags-) **Rechte** des *Privatrechts* gefährdet sind. Werden öffentlich-rechtliche Vorschriften verletzt, rechtfertigt nicht schon dies die Anordnung (so im Polizeirecht). Es werden nur körperliche Rechtsgüter (Sachwerte, Gesundheit usw.) geschützt [5]. Der **Nachbar** kann einen Anspruch auf Anordnung haben, wenn sein Rechtsgut gefährdet ist und keine nachbarschützende Spezialvorschrift eingreift [6].

---

5 Wiechert in:
  Große-Suchsdorf, Rdnr.11 zu § 1
6 VGH München, B.v.9.11.98- 1 CS 98.2821,NVwZ 99,446 ff.(447)

Die *Gefährdung* wird bestimmt von der *Schadenswahrscheinlichkeit*, die umso geringer sein muß, je wertvoller das gefährdete Rechtsgut und je größer der mögliche *Schadensumfang* sind [7], und von der *Gefahrenschwelle*, die z.B. bei Befolgung allgemein anerkannter *Regeln der Technik* nicht überschritten ist.

So ist die Anordnung einer *Fassadenreparatur* gerechtfertigt, wenn sie nicht über das Bekämpfen von Gefahren sowie einer durch *Verfall* eingetretenen *Verunstaltung* hinausgeht [8].

Zur Beendigung der **Gefahr** für die öffentliche Sicherheit kann vom

---

7 Wiechert in:
   Große-Suchsdorf, Rdnr. 15 zu § 1
8 BVerwG, B.v.11.4.89
   - 4 B 65.89, UPR 89,349
   =NJW 898,2638 =DöV 89,860

Betreiber eines baurechtswidrigen *Campingplatzes* die Angabe von *Name* und *Anschrift* der abgestellten *Wohnwagen* verlangt werden, um gegen diese deren Beseitigung anzuordnen [9].

Die öffentliche Sicherheit kann auch Anordnungen gegen künftige Störungen rechtfertigen, z.B. bei *Wagenburgen*, die ständig baurechtswidrig aufgestellt wurden [10].

> **- Baurecht, - Interesse,- Ordnung,**
> **-Sicherheit**

---

9 OVG Lüneburg, B.v.14.11.74
   - I OVG B 32/74,OVGE 30,459
   OVG Berlin, B.v.18.2.88
   - 2 S 54.87,UPR 88,278
10 VGH Mannheim, B.v.15.4.97
   -1 S 2446/96,NVwZ-RR 98,173 =RdL
   97,306 =NuR 97,596 =BauR 97,1009
   =DVBl 98, 98, 96 =UPR 98,79:sogar
   Beschlagnahme,aber nur kurzfristig

Pacht

===

Für dem **öffentlichen** Baurecht (§ 2
Abs. 10 NBauO) widersprechende
(=baurechtswidrige) Zustände ist der
Bauaufsichtsbehörde (auch) der *Besitzer* (§ 61 NBauO - *Zustandsstörer*)
verantwortlich. Er ist nicht *Rechtsnachfolger* des *Eigentümers*. Daher
kann er auch nicht **Widerspruch** gegen
eine Anordnung erheben, die sich gegen den Eigentümer richtet, denn sie
ergeht "unbeschadet der privaten
Rechte" Dritter. Aber gegen eine bei-
gefügte *Zwangsmittelandrohung* ist er
widerspruchs-, antrags- und klagebe-
fugt [1], weil seine subjektiven **Rechte**
der *Vollstreckung* entgegenstehen.
Denn sein Besitzrecht ist Eigentum
i.S. von Art. 14 I 1 GG [2], und gemäß

---

1 VGH Kassel, B.v.10.11.95- 14 TH
   2919/94,DöV 96,383 =NVwZ-RR 96,330
2 BVerfG, B.v.26.5.93- 1 BvR 208.93,
   NJW 93,2035 = UPR 93,339= MDR 94,
   728 m.Anm.Sternel;

Art. 13 GG kann der Pächter/*Mieter* den *Zutritt* zum Grundstück/Wohnung/Geschäftsraum ohne richterlichen Durchsuchungsbeschluß verweigern. Daher ist als schnellere und effektivere Maßnahme gegen den Pächter/Mieter die **Untersagung** der *Nutzung* anerkannt [3]. Dem Eigentümer kann (zusätzlich) die Nutzung untersagt werden, wenn er eine solche selbst oder durch Dritte beabsichtigt[4].

Ist gegen den Eigentümer vor Abschluß des Pacht-/Mietvertrages eine den Besitz betreffende Anordnung ergangen ist, ist der Pächter/Mieter jedoch dessen (Teil-) Rechtsnachfolger [5],

---

3 OVG Lüneburg, B.v.19.4.96
   - 6 M 1505/96, V.n.b.
4 OVG Lüneburg, B.v.9.5.96
   - 6 M 2239/96, V.n.b.
5 BayVGH, B.v.5.8.96- 14 AS 96.
   1624,NJW 97,961; a.A. BayVGH,
   B.v.13.8.92- 2 CS 92.1618,BauR
   92,613 =ZMR 92,563 =NJW 93,82

und es bedarf keiner an ihn gerichte-
ten Duldungsanordnung.

Dem Pächter/Mieter kann nicht die
Beseitigung aufgegeben werden [6], weil
er gegenüber dem Eigentümer nur nutzen, nicht aber beseitigen darf. Da
er aber nicht nutzen muß, ist umgekehrt gegen den Eigentümer keine
Anordung erforderlich, daß er die
Nutzungsuntersagung gegenüber dem
Pächter zu dulden hat [7]. Dies gilt
erst Recht, wenn der Pächter/Mieter
baurechtswidrig handelt und daher
eine **Gefahr** für die öffentliche
Sicherheit beenden muß [8].

---

6 Ausnahme:als Campingplatzbetreiber
   OVG Münster, U.v.9.12.94
   - 10 A 1753.91,BauR 95,676
   = ZfBR 95,334 =NVwZ-RR 95,635
7 VGH Kassel, B.v.15.9.94
   - 4 TH 655.94,MDR 95,575
8 OVG Lüneburg, B.v.14.11.74
   - I OVG B 32/74,OVGE 30,459
   OVG Berlin,B.v.18.2.88
   - 2 S 54.87,UPR 88,278

An der **Haftung** des Pächters ändert eine Vertragsbeendigung während des Klageverfahrens vor dem **Verwaltungsgericht** nichts [9], weil die Anordnung gemäß § 89 Abs. 2 Satz 3 NBauO auch gegenüber dem Rechtsnachfolger gilt. Endet der Pachtvertrag aber vor der Entscheidung über den Widerspruch, verliert der Pächter die Eigenschaft als Störer [10] und haftet nicht. Denn die Anordnung findet ihre endgültige Gestalt durch den Widerspruchsbescheid (§ 79 Abs. 1 Nr. 1 VwGO) und zu diesem Zeitpunkt ist wegen der Vertragsbeendigung Rechtsnachfolger der Eigentümer, der Pächter hingegen Rechtsvorgänger geworden.

---

9   OVG Lüneburg, U.v.21.1.00- 1 L 4202.99,ZfBR 00,349 ff.(352) =NdsVBl. 00,142 =DVBl 00,831 =BauR 00,1030 =UPR 01,157
10 OVG Münster, U.v.23.4.96 - 10 A 3565/92,NVwZ-RR 97,12 =UPR 96,393 = BauR 96,700

Der Eigentümer kann wegen von ihm zu beseitigender Mängel von der Bauaufsichtsbehörde nicht die **Untersagung** der Nutzung gegenüber dem Pächter/Mieter verlangen, weil der Pächter/Mieter zivilrechtlich zur Duldung verpflichtet ist [11].

Wird dem Eigentümer die Beseitigung aufgegeben, muß die Frist so lang bemessen sein, daß er den Pacht-/Mietvertrag beenden kann.
Denn eine baurechtswidrige Nutzung ist kein *Kündigungsgrund* i.S.d. §§ 578,573,543 BGB, jedoch die behördliche Anordnung zur *Kündigung*[12].

---

11 OVG Berlin, B.v.26.6.89
   - 2 S 7.89,UPR 89,400
12 zu § 564 b BGB i.d.F. bis
   01.09.2001:
   OVG Berlin, U.v.16.2.90
   - 2 B 36.88,LKV 91,242
   VGH Kassel, U.v.18.7.69
   - IV OE 30/67,BRS 22 Nr. 211

Eine Frist von 10 Wochen ist daher zu kurz [13]. An die Vertragslaufzeit ist die Behörde indes nicht gebunden [14].

<u>B e i s p i e l e</u>:

<u>Inanspruchnahme als Pächter</u>:

Da Sie nach meinen Ermittlungen Pächter des betroffenen Flurstückes sind, gehe ich davon aus, dass Sie für die Errichtung des Lagerplatzes verantwortlich sind bzw. dass dieser Lagerplatz auf Ihre Veranlassung hin errichtet worden ist. Daher ordne ich gegen Sie an, diesen nicht genehmig-

---

13 VGH Kassel, U.v.29.7.69
   - IV OE 5/68,BRS 22 Nr. 212
14 BVerwG, B.v.13.7.94- 4 B 129/
   94,UPR 94,450 =BauR 94,740
   = DokBer 2 (1994),376 =NVwZ 95,272

ten und auch nicht
genehmigungsfähigen Lagerplatz sofort
zu beseitigen.

<u>Widerspruch des Pächters</u>:

Gegen Ihren Bescheid vom ... erhebe
ich Widerspruch.

Begründung:
Mein Pachtvertrag endet heute. Ich
habe am Grundstück keine Rechte mehr.
Mein Rechtsnachfolger ist der
Eigentümer.
Zum Zeitpunkt der Entscheidung über
meinen Widerspruch bin ich daher
nicht mehr Störer, sondern nur noch
dessen Rechtsvorgänger.

Untersagung der Nutzung

Qualität

Bauordnungsrechtliche Anordnungen
haben, anders als *Hinweise* oder *Fest-*
stellungen, die Qualität eines Verwaltungsaktes und können deshalb mit
dem **Widerspruch** [1] angefochten werden.
Werden sie *mündlich* erteilt, besteht
Anspruch auf deren schriftliche *Be-*
stätigung. Deren Verweigerung ist
(anders als die Bestätigung) ein anfechtbarer Verwaltungsakt [2].

Der Widerspruch schiebt die Vollziehung der bauordnungsrechtlichen Anordnung und damit ihre *Vollstreckung*
gemäß § 64 Abs. 1 NGefAG auf. Deshalb
brauchen in ihr gesetzte *Fristen*
nicht befolgt zu werden und erledigen
sich durch Zeitablauf, müssen also
neu angeordnet werden. Diese auf-

---

1 § 68 VwGO; § 1 NVwVfG, § 35 VwVfG
2 Kopp,VwVfG, Rdnr. 25 zu § 37 VwVfG

schiebende Wirkung des Widerspruchs
bestimmt das Gesetz (§ 80 Abs. 1
VwGO), verpflichtet daher nicht zum
Schadensersatz oder begründet einen
Straf-/Ordnungswidrigkeitenvorwurf
(davon zu unterscheiden ist das
Verhalten, das zur Anordnung führte).

Zur Überwindung der aufschiebenden
Wirkung des Widerspruchs kann die Behörde die **sofort**ige Vollziehung ihrer
bauordnungsrechtlichen Anordnung
anordnen, so daß sie befolgt werden
muß bzw. vollstreckbar ist. Dagegen
kann beim **Verwaltungsgericht** Antrag
auf vorläufigen Rechtsschutz gestellt
werden. Die sofortige Vollziehung
wird allerdings erst durch die dies
aussprechende gerichtliche Entscheidung aufgeschoben.

Die *Zwangsmittelandrohung* ist
ebenfalls ein anfechtbarer

Verwaltungsakt[3], gegen den ein
Widerspruch keine aufschiebende
Wirkung hat [4].

Gleiches gilt für die Festsetzung des
Zwangsgeldes. *Ersatzvornahme* und unmittelbarer *Zwang*, die anderen beiden
Zwangsmittel, sind als sonstiges behördliches Handeln nicht anfechtbar[5].

Gegen bauordnungsrechtliche Anordnungen können vom Betroffenen keine pri-
vatrechtlichen **Rechte** *Dritter* einge-
wendet werden, wohl aber gegen deren
Vollstreckung: die fehlende
Zustimmung Dritter kann nur durch die
bauordnungsrechtliche Anordnung, die
Vollstreckung zu **dulden**, überwunden
werden.

---

3 BVerwG, U.v.2.12.88
   - 4 C 16.85,DVBl 89,362
4 OVG Lüneburg, B.v.7.1.85
   - 6 B 189/84,NdsRpfl. 85,264
5 Saipa, Rdnr. 5 und 6 zu § 64

Widersprechen bauordnungsrechtliche Anordnungen einem Verwaltungsakt (*Baugenehmigung, Zusicherung*), sind sie rechtswidrig, solange dieser Verwaltungsakt nicht zurückgenommen ist. Die *Rücknahme* ist wiederum ein Verwaltungsakt, so daß der gegen sie gerichtete Widerspruch aufschiebende Wirkung hat und die bauordnungsrechtliche Anordnung rechtswidrig bleibt. Diese aufschiebende Wirkung kann durch Anordnung der sofortigen Vollziehung der Rücknahme überwunden werden.

Widerspricht die bauordnungsrechtliche Anordnung früherem behördlichen Verhalten (**Dulden**), steht dieses nicht entgegen. Denn die Behörde kann ihr Verhalten ändern. Es besteht keine Bindung, wie es bei einem Verwaltungsakt bis zu seiner Rücknahme der Fall ist. Die Grenze liegt in der fehlerfreien Ausübung des behördlichen **Ermessen**s.

Einer bauordnungsrechtlichen Anordnung entzieht das *Einvernehmen* mit dem **Nachbar**n oder Gemeinde ebensowenig die Rechtsgrundlage wie deren *Verzicht* auf eigene Rechte, da Voraussetzung für die bauordnungsrechtliche Anordnung der Verstoß gegen das **öffentliche** Recht ist.

Die bauordnungsrechtliche Anordnung kann zwar nicht durch bloßes Einvernehmen mit dem Nachbarn/Gemeinde rechtswidrig sein, wohl aber, wenn der ihr zugrundeliegende Rechtsverstoß mit Hilfe des Nachbarn ausgeräumt ist (z.B. Grenzabstandsbaulast, Erschließung) oder ihre Zielrichtung und/oder ihre Begründung ausschließlich den Schutz des Nachbarn bezweckt.

B e i s p i e l e :

Verwaltungsakt (-bestätigung):
Ich übersende anliegendes Protokoll über unser Gespräch vom 2.1.2001, in dem ich die sofortige Stillegung anordnete.

Verwaltungsakt (Androhung eines Zwangsmittels:)
Sollten Sie der Anordnung nicht fristgerecht nachkommen, werde ich die Nutzung zwangsweise unterbinden.

kein Verwaltungsakt, nur Anhörung:
Bevor ich die Verfügung erlasse, gebe ich Ihnen gem. § 28 des Verwaltungsverfahrensgesetzes (VwVfG) hiermit Gelegenheit, innerhalb von 2 Wochen zu dem geschilderten Sachverhalt Stellung zu nehmen.

Verwaltungsakt

Rechte

Gegen bauordnungsrechtliche Anordnungen kann der Betroffene durch **Widerspruch** und vor dem **Verwaltungsgericht**
einwenden, daß deren Voraussetzungen
nicht vorliegen, z.B. keine **Gefahr**
oder **Haftung** oder Verstoß gegen **öffentlich**es Baurecht bzw. öffentliche
Sicherheit bestand oder die Grenzen
der Ausübung des **Ermessen**s (Gleichbehandlung, Verhältnismäßigkeit, Koppelungsverbot) überschritten sind.

Die unterlassene **Anhörung** ist hingegen unbeachtlich und nachholbar[1].

Die **Qualität** von entgegenstehenden
Rechten gibt ihm eine Genehmigung,
ein behördlicher Bescheid oder der
Bestandsschutz.

---

1 § 45 Abs. 1 Nr. 3 VwVfG

Gegen die Vollstreckung kann der
Betroffene einwenden, daß die Voraussetzungen der **Mittel** zur Durchsetzung
einer Anordnung fehlen, und ein
Dritter, daß seine subjektive Rechte
(z.B. **Pacht**) entgegenstehen.

Dementsprechend begründet die zu
Recht verfügte (= rechtmäßige) bauordnungsrechtliche Anordnung keine
(vor dem Zivilgericht geltend zu
machende) *Schadensersatz*pflicht wegen
Amtspflichtsverletzung. Werden aber
bei Androhung der Ersatzvornahme
deren voraussichtliche Kosten zu
gering angegeben, bleibt zwar die
Ersatzvornahme rechtmäßig, aber diese
fehlerhafte Androhung verpflichtet
zum Schadensersatz [2].
Beruht die rechtmäßige bauordnungsrechtliche Anordnung auf einer be-

---

2   BVerwG, U.v.13.4.84
   - 4 C 31/81,NJW 84,2591

hördlichen Entscheidung, z.B. der Rücknahme einer Baugenehmigung, begründet auch die Rücknahme keine Schadensersatzpflicht, wenn sie rechtmäßig ist. Dann ist jedoch die zurückgenommene Entscheidung, z.B. die *Baugenehmigung*, nicht rechtmäßig (= rechtswidrig) und kann die Baugenehmigungsbehörde [3] zum Schadensersatz wegen Amtspflichtsverletzung verpflichten.

Eine Schadensersatzpflicht besteht aber nur, wenn der Schaden nicht durch *Rechtsmittel* abgewendet werden konnte und (ausgenommen bei vorsätzlicher Amtspflichtsverletzung) nicht auf andere Weise Ersatz zu erlangen ist (§ 839 Abs. 3, Abs. 1 S. 2 BGB) .

---

3   BGH, U.v.5.7.01
    - III ZR 11/00, BauR 01,1570
  BGH, U.v.23.9.93
    - III ZR 139/92, NJW 94,130

Zu solchen Rechtsmitteln zählt der Widerspruch gegen die zum Schadensersatz verpflichtende behördliche **Tätigkeit**, nicht aber auch die Ausnutzung dessen aufschiebender Wirkung, die Anordnung nicht zu befolgen [4].
Bestimmt eine andere bauordnungsrechtliche Anordnung den Schaden z.B. aus einer ihr widersprechenden *Auskunft*, beginnt die 3-jährige *Verjährung*sfrist für den diesbezüglichen Schadensersatz dann nicht vor der Entscheidung über die Rechtmäßigkeit der Anordnung. Denn dem Betroffenen ist nicht zuzumuten, einerseits im Schadensersatzprozess die Falschheit der Auskunft und andererseits mit dem Widerspruch gegen die Anordnung die Richtigkeit der Auskunft zu begründen [5], aufgrund

---

4   BGH, U.v.5.7.01, a.a.O.
5   BGH, U.v.12.10.00- III ZR 121/99,
    öBaurecht BRS 01,20 =BauR 01,376

derer die den Schaden ausmachende
Anordnung nicht möglich sei.

Eine Schadensersatzpflicht kann auch
die Anordnung der **sofort**igen
Vollziehung begründen. Jedoch ist das
Zivilgericht dann nicht an die
(vorläufige) verwaltungsgerichtliche
Beurteilung gebunden [6].

Keine Schadensersatzpflicht begründet
das **Unterlassen** der Behörde, wenn sie
gegen den Geschädigten nicht eingeschritten ist und so seinen Schaden
nicht abgewendet hat [7].

"Auf andere Weise" i.S.d. § 839 Abs.
1 Satz 2 BGB kann der Betroffene für
seine **Kosten** keinen Ersatz erlangen,
wenn die Behörde auch einen anderen
wegen dessen **Haftung** hätte in An-

   =NVwZ 01,468 =ZfBR 01,411
   BGH, U.v.3.5.01- III ZR 191/00,
   ZfBR 01,412: Feststellungsklage
6 BGH, U.v.16.11.00- III ZR 265/99,
   NVwZ 01,352 =BauR 01,681,1079
   =UPR 01,156 =ZfBR 01,355
7 OLG Zweibrücken, U.v.8.12.98- 6 U
   12/98,VersR 00,1371 =BauR 01,133

spruch nehmen können, weil grundsätzlich zwischen mehreren Störern keine
Ausgleichspflicht besteht.
Wenn der Betroffene hingegen einen
Dritten (z.B. Architekt) beauftragte,
der den Schaden verursachte, ist die
Schadensersatzpflicht wegen Amtspflichtsverletzung nachrangig.
Unerheblich ist, ob der Dritte sei-
nerseits Schadensersatz wegen Amtspflichtsverletzung verlangen könnte[8].

Keine anderweitige *Ersatzmöglichkeit*
besteht, wenn neben der Behörde ein
Notar haftet. Beim Notar greift
ebenfalls das Verweisungsprivileg des
§ 839 Abs. 3 BGB ein, so daß der
Betroffene die Behörde in Anspruch
nehmen kann [9].

---

8   BGH, B.v.19.12.95
    - III ZR 190/94,NVwZ-RR 97,204
9   BGH, U.v.3.5.01- III ZR 191/00,
    ZfBR 01,412 ff.(413)

Fahrlässig handelt der *Beamte* nur, wenn seine *Rechtsunkenntnis* vorwerfbar ist.

Umgekehrt mindert sich die Schadensersatzpflicht bei vorwerfbarer Rechtsunkenntnis des Betroffenen (*Mitverschulden*) [10].

Die Höhe des Schadens wegen Amtspflichtsverletzung bestimmt das "*negative Interesse*". Es beurteilt sich nach dem Vergleich der infolge des haftungsbegründenden Ereignisses tatsächlich eingetretenen Vermögenslage mit derjenigen, die ohne jenes Ereignis eingetreten wäre; es ist eine Gesamtschadensbilanz aufzustellen [11].

---

10 OLG Celle, U.v.26.6.01
   - 16 U 258/00,V.n.b.
11 Schlick/Rinne, Die Rechtsprechung des BGH zum Staatshaftungsrecht (Teil 1), NVwZ 97,1065 ff. (1077)

Hiervon zu unterscheiden ist der
Wertersatz. Ihn begründet eine
bauordnungsrechtliche Anordnung, wenn
sie rechtmäßig in das Eigentum eingreift (*enteignender Eingriff*), z.B.
wegen einer *Bahntrasse* ein zulässiges
Bauvorhaben verbietet oder
einschränkt [12].

B e i s p i e l :

Nutzungsuntersagung:
Der Lagerplatz ist eine bauliche Anlage im Sinne von § 2 Abs. 1 Satz 2
Ziff. 8 NBauO. Eine Baugenehmigung
ist Ihnen nicht erteilt worden und
haben Sie auch nicht beantragt. Die
Errichtung des Lagerplatzes ist damit
formell baurechtswidrig. Seine Nutzung ist sofort einzustellen.

---

12 OLG Celle, U.v.28.5.99
   - 4 U (Baul)16/95,V.n.b.

Widerspruch wegen Auskunft/Schadensersatz:

Gegen Ihre Nutzungsuntersagung vom ... erhebe ich Widerspruch. Auf meine Anfrage erklärte mir am ... Ihr Mitarbeiter X, daß der Lagerplatz Bestandsschutz hat und ich keine Baugenehmigung benötige. Darauf habe ich vertraut. Diese Auskunft verpflichtet das Land zum Schadensersatz, sollte meinem Widerspruch gegen die Nutzungsuntersagung nicht stattgegeben werden. Zur Abwendung meines Mitverschuldens mache ich gemäß § 254 Abs. 2 BGB vorsorglich auf die Entstehung eines ungewöhnlich hohen Schadens aufmerksam.

Rechtmäßigkeit, Schadensersatz

sofort

===========

Ordnet die bauordnungsrechtliche Anordnung etwas für sofort an oder bis zu einem bestimmten *Termin* oder binnen einer *Frist*, gilt dies nicht, wenn der Betroffene gegen die bauordnungsrechtliche Anordnung **Widerspruch** erhebt [1]. Denn sein Widerspruch hat *aufschiebende* Wirkung [2].

Wird kein Widerspruch erhoben, sind die **Mittel** zur Durchsetzung die bauordnungsrechtliche Anordnung sofort *vollziehbar* [3]. Gegen *Ersatzvornahme*, unmittelbarer *Zwang* und *Versiegelung* ist der Widerspruch unzulässig, gegen

---

1 OVG Lüneburg, U.v.22.2.73
  - 1 A 116/72,OVGE 29,456;
  OVG Lüneburg, U.v.29.1.88
  - 1 A 243/86,BRS 48 Nr. 194
2 § 80 Abs. 1 VwGO
3 § 89 Abs. 4 NBauO,
  § 64 Abs. 4 NGefAG

die *Zwangsgeld*festsetzung hat er keine aufschiebende Wirkung.

Zur Überwindung der aufschiebenden Wirkung eines Widerspruchs und für ihre *Vollstreckung* kann die bauordnungsrechtliche Anordnung unter den Voraussetzungen des § 80 Abs. 2 Satz 1 Nr. 4 VwGO für sofort vollziehbar erklärt und begründet werden.
Dies ist bei der Nutzungs**untersagung** und *Baustillegung* mit der Begründung der *formellen Illegalität* die Regel[4]. Bei der *Beseitigungs*anordnung ist die sofortige Vollziehbarkeit die Ausnahme [5], nämlich nur dann, wenn erstens die bauliche Anlage ohne wesentlichen Substanzeingriff beseitigt

---

4 OVG Lüneburg, B.v.2.7.92- 6 M 3244/92,RdL 93,56 =UPR 93,226
   OVG Lüneburg, B.v.29.3.65
   - 1 B 16/65,BRS 16 Nr. 130
5 OVG Lüneburg, B.v.2.6.98
   - 6 M 2171/98,V.n.b.
   OVG Lüneburg, B.v.10.5.94-1 M 1046/94, BRS 56 Nr.208=BauR 94,611

werden kann, zweitens von ihr konkrete **Gefahr**en für Leib, Leben oder bedeutende Sachgüter ausgehen, es sich drittens um einen "notorischen" *Schwarzbauer*" handelt oder viertens der illegalen Baulichkeit eine erhebliche Breiten- und *Nachahmungswirkung* zukommt.

Bei bauordnungsrechtlicher Anordnung zu anderer **Tätigkeit** als der Beseitigung und anderer Untersagung als der formell illegalen Nutzung oder bei der Anordnung zu **dulden** muß deren sofortige Vollziehung einzelfallbezogen begründet werden (§ 80 Abs. 3 Satz 1 VwGO).

Wird eine bauordnungsrechtliche Anordnung für sofort vollziehbar erklärt, kann der Betroffene beim **Verwaltungsgericht** ohne vorhergehenden Antrag bei der Behörde die *Wiederherstellung* der aufschiebenden Wirkung seines Widerspruchs beantragen (§ 80 Abs. 5 VwGO), das danach entscheidet, ob der Widerspruch gegen die bauordnungsrechtliche Anordnung voraussichtlich erfolgreich oder erfolglos ist, bei offener *Erfolgsaussicht* nach einer *Interessenabwägung*. Der Antrag hat keine aufschiebende Wirkung, erst die stattgebende Gerichtsentscheidung. In der Regel wird aber bis zur Gerichtsentscheidung aufgrund der sofortigen Vollziehung nicht vollstreckt.

Nach *Befolgung* oder Vollstreckung der bauordnungsrechtlichen Anordnung ist der Antrag unzulässig, wenn die bauordnungsrechtliche Anordnung nicht fortdauernde *Wirkung* (z.B.Nutzungsuntersagung) hat[6].

Gegen die Zwangsgeldfestsetzung kann der Betroffene beim Verwaltungsge-

---

6 Kopp,VwGO, Rdnr. 136 zu § 80 VwGO

richt die Anordnung der aufschiebenden Wirkung seines Widerspruchs beantragen, das darüber nach den oben
dargestellten Kriterien entscheidet.

Der Widerspruch gegen den Bescheid
über die Kosten der Ersatzvornahme
hat aufschiebende Wirkung [7]. Ein solcher Bescheid oder ein *Vorauszah-
lungs*bescheid kann nicht aus
fiskalischen Gründen für sofort
vollziehbar erklärt werden [8].

B e i s p i e l e :

soforttige Vollziehung einer Beseitigungsanordnung:
Beseitigungsverfügungen können sofort
vollzogen werden, wenn der illegalen
Baulichkeit eine erhebliche Breiten-

---

7   VG Hannover, B.v.27.5.97
    - 11 B 2526/97,NVwZ-RR 98,311
8   VG Hannover, B.v.31.3.98
    - 11 B 1273/98,NVwZ-RR 99,118

oder Nachahmungswirkung zukommt (so
das Nds.OVG Beschl.v.02.06.1998-6 M
2171/98). Eine solche Wirkung steht
hier aber zu befürchten. Illegale ge-
werbliche Lagerplätze demonstrieren,
daß man sich mit Erfolg über das Gesetz hinwegsetzen kann und verleiten
leicht gerade auf Außenbereichsflä-
chen zur Nachahmung. Immer wieder
werden illegal im Außenbereich Lagerplätze errichtet.

**Wiederherstellung der aufschiebenden
Wirkung des Widerspruchs:**

Wirtschaftlich käme die Befolgung der
Verfügung einem Substanzverlust
gleich. Dabei spielt es keine Rolle,
daß die Widerspruchsführerin über die
Arbeitskräfte und den Maschinenpark
verfügt. Auch dieser Einsatz ist
beachtlich, weil dabei an anderer
Stelle Kapazitäten entzogen werden.

Eine Breiten- und Nachahmungswirkung gibt es ebenfalls nicht. Diese lässt sich nur an konkreten Fakten im Einzelfall festmachen. Die "immer wieder" feststellbare illegale Errichtung gewerblicher Lagerplätze im Außenbereich vermag das Gericht nicht zu bestätigen. In den letzten 5 Jahren sind in der Kammer gerade zwei Verfahren wegen illegaler Lagerplätze baurechtlich "behandelt worden".

Vollzug, sofortige Vollziehung

Tätigkeit

Widersprechen bauliche Anlagen dem
öffentlichen Baurecht, kann die Bauaufsichtsbehörde nach ihrem Ermessen
mit einer bauordnungsrechtlichen Anordnung eine Tätigkeit **sofort**
verlangen. Gegenüber demjenigen,
dessen **Haftung** (ggf. für eine **Gefahr**)
besteht, kann sie diese mit **Mitteln**
des Zwanges auch durchzusetzen.
Ansprüche des **Nachbar**n sind hierfür
unerheblich.

Der Betroffene kann seine **Rechte**, ab-
hängig von der **Qualität** behördlichen
Handelns, mit **Anhörung**, **Widerspruch**
und vor dem **Verwaltungsgericht**
geltend machen und/oder seine **Last**
entsprechend einer vertraglichen
Regelung weitergeben.
Der Betroffene trägt die Darlegungs-
und *Beweis*last dafür, daß er die An-

ordnung befolgt hat [1]. Nach *Befolgung*
darf die Behörde (auch nach Ablauf
der gesetzten Frist) kein *Zwangsgeld*
mehr festsetzen[1].
Dem Betroffenen hilft seine *Zusage*,
rechtmäßige Zustände herzustellen,
nicht, wenn er sie nicht einhält.
Umgekehrt darf die Behörde den
Betroffenen nicht anders behandeln
als den, der eine Zusage macht und
nicht einhält [2]. Der Betroffene trägt
ebenfalls die Darlegungs- und
Beweislast dafür, daß ihm eine
Baugenehmigung erteilt wurde[3].
Lediglich behördliches **Dulden** hindert
eine bauordnungsrechtliche Anordnung
nicht [4], ebensowenig die behördliche

---

1 OVG Münster, B.v.11.5.00
   - 10 B 306/00,BauR 00,1477
2 VGH Mannheim, U.v.17.10.96- 8 S
   2299/96,UPR 97,258 =NVwZ-RR 97,466
3 OVG Münster, B.v.18.1.01- 10 B
   1898/00,öBaurecht BRS 01/2,16=BauR
   01,758 =UPR 01,239 =ZfBR 01,354
4 OVG Lüneburg, U.v.26.8.92
   - 1 L 99/91,OVGE 43,308

Auskunft, eine *Baugenehmigung* sei nicht notwendig [5].

Wenn die bauliche Anlage aber nicht offenkundig genehmigungsunfähig ist, geht die Anordnung, einen *Bauantrag* zu stellen, der Beseitigungsanordnung vor [6].

Der Grundsatz der *Gleichbehandlung* begrenzt das **Ermessen** der Behörde dahingehend, gleichen Sachverhalten mit gleichen Anordnungen zu begegnen [7]. Er verpflichtet sie aber nicht, gleiche Sachverhalte zu suchen [8]. Es genügt, wenn die Behörde erst vor dem Verwaltungsgericht ihr *Konzept,* gegen gleiche Sachverhalte vorzugehen, vor

---

5   OVG Münster, U.v.25.9.90- 4 B
    3260/89,BauR 91,74 =NVwZ-RR 91,242
6   Jäde, Rdnr. 72
7   BVerwG, B.v.23.11.98
    - 4 B 99.98,BauR 99,734
8   VGH Mannheim,U.v.29.2.96- 8 S
    3371/95, UPR 96,319 =BauR 96,699
    =DÖV 97,259 =NVwZ-RR 97,465

legt [9], nicht aber, wenn sie ohne sachlichen Grund tatsächlich nicht so vorgeht[10]. Wenn ein rechtskräftiges *Urteil* feststellt, daß die bauliche Anlage nicht genehmigungsfähig ist, steht einer so begründeten bauordnungsrechtlichen Anordnung jedoch nicht entgegen, daß bei gleichem Sachverhalt eine Genehmigung erteilt wurde [11].

Private **Rechte** eines Dritten stehen nicht entgegen, behördlich angeordnete Tätigkeit zu **dulden**. Gegenüber einer Anordnung, die mit einer Duldungsanordnung verbunden ist, ist daher eine Anordnung gegen

---

9 OVG Lüneburg, U.v.26.8.94- 1 L 311/91,NdsRpfl. 95,25 =UPR 95,277
10 OVG Lüneburg, U.v.29.10.93 - 6 L 72/92,MDR 94,62 =BauR 94,92 = NdsRpfl.94,48 =NVwZ-RR 94,249 =UPR 94,395
11 OVG Lüneburg, U.v.31.3.95-1 L 4223 /93, ZMR 95,504 =NdsRpfl.95,334 =BauR 95,831 =NVwZ-RR 96,6 =UPR 96,39=NdsVBl.96,136

den Betroffenen, die ihm unwirt-
schaftliche Kosten verursacht,
ermessensfehlerhaft [12].

Die durch eine Anordnung verursachten
Kosten widersprechen dann nicht dem
Grundsatz der *Verhältnismäßigkeit*,
wenn der Betroffene abweichend von
der Baugenehmigung und nicht
genehmigungsfähig baut.
Die (Beseitigungs-) Anordnung mit deren Kosten ist aber unzulässig, wenn
sie ausschließt, daß der Betroffene
sie im Wege des *Austauschmittels*
(durch Umbau) kostengünstiger
erfüllt[13]. Hat die Behörde das
Austauschmittel genehmigt, ist die
Anordnung nicht (mehr) zu
vollstrecken, selbst wenn (be-
nachbarte) Dritte gegen die Geneh-

12 OVG Lüneburg, B.v.3.4.96- 1 M 852
   /96,BauR 96,538 =NVwZ-RR 96,494
13 OVG Lüneburg, U.v.8.7.99
   - 1 L 1620/97,BauR 00,87
   = NVwZ-RR 00,142 = UPR 00,156

- 116 -

migung Widerspruch erheben [14] und der Betroffene (wegen dessen aufschiebender Wirkung) von ihr keinen Gebrauch machen kann [15].

B e i s p i e l e :

Beseitigungsanordnung:

Die Erdaufschüttung auf dem Flurstück 1 ist rückstandslos zu entfernen bis zur gewachsenen Geländeoberfläche, und der ursprüngliche Zustand ist wiederherzustellen (Grünland).
Auf dem Flurstück 2 wurde ein Zufahrtsweg aus Mineralgemisch angelegt. Das Mineralgemisch ist abzutragen und die Fläche zur weiteren Entwicklung sich selbst zu überlassen.

---

14 OVG Münster, B.v.6.12.96
--10 E 1155/96, OVGE 46,94 ff.(99)
15 BVerfG, B.v.12.9.95
- 1 BvR 1607/95,NVwZ-RR 96,373;
BVerwG, B.v.31.8.95
- 4 B 195/95,NVwZ-RR 96,422
OVG Münster, B.v.12.6.95
- 7 E 1130/94,NVwZ-RR 96,126

<u>Widerspruch:</u>

Die Wiederherstellung des ursprüngli-
chen Zustandes auf dem Flurstück 1
dient nicht mehr der Herstellung bau-
rechtmäßiger Zustände, da nach der
Beseitigung der Aufschüttung keine
bauliche Anlage mehr vorhanden ist.
Bei einer solchen Wiederherstellungs-
anordnung geht es um Naturschutzmaß-
nahmen, für die die Bauordnungsbe-
hörde unzuständig ist.

Die Anordnung für das Flurstück 2,
die Fläche nach der Abtragung zur
weiteren Entwicklung sich selbst zu
überlassen, ist in der Sache ein Bauverbot für die Zukunft. Es besteht
jedoch ohnehin gesetzlich ein präven-
tives Bauverbot.

Gleichheit, verhältnismäßig

Untersagung

Mit einer bauordnungsrechtlichen Anordnung kann die *Nutzung* oder *Baufortsetzung* **sofort** untersagt werden. Enthält die Anordnung keine *Frist* oder andere Bestimmungen, beinhaltet sie nicht nur das Gebot, die beanstandete Nutzung (einmalig) einzustellen, sondern auch das Verbot, dieselbe Nutzung wieder aufzunehmen[1].

Für Nutzungsuntersagung und *Baustillegung* kann mit der Begründung der *formellen Illegalität* in der Regel auch die sofortige Vollziehung angeordnet werden [2].

---

1 OVG Münster, U.v.19.12.95
  - 11 A 2734/93,UPR 96,458
2 OVG Lüneburg, B.v.25.4.94
  - 6 M 1826/94, ZMR 94,345
  = MDR 94,687 = BauR 94,499
  =NdsRpfl. 94,253 = NVwZ-RR 95,6

Dem Betroffenen hilft seine bloße
Erklärung, die verbotene Nutzung zu
unterlassen, nicht, wenn die Bauaufsichtsbehörde der *Erledigung* mit der
Begründung, daß die verbotene Nutzung
jederzeit wiederaufgenommen werden
kann, widerspricht [3].

Schließen Bauarbeiten die genehmigte
Nutzung nicht aus, können sie nicht
deshalb untersagt werden, weil sie
eine andere, nicht genehmigte Nutzung
vorbereiten (können) [4].

Die wegen fehlender Nachweise (z.B.
Bewehrungsplan) angeordnete Bauein-
stellung ist nicht schon durch deren
Vorlage hinfällig, sondern erst mit

---

3 OVG Lüneburg, U.v.10.4.92
   - 6 L 163/90,V.n.b.
4 OVG Weimar, B.v.29.11.99- 1 EO
   658/99,ZfBR 00,144 =BauR 00,719
   =DöV 00,433 =NVwZ-RR 00,578 = DVBl
   00,826 m.abl.Anm.Schmaltz zum
   Fortbestand der Baugenehmigung bei
   3-jähriger Nutzungsunterbrechung

(ggf. vor dem **Verwaltungsgericht** zu erstreitender) baubehördliche Aufhebung. Dies hat zur Folge, daß zumindest bis zu ihrer Prüfung ein (angedrohtes) *Zwangsgeld* festgesetzt und vollstreckt werden kann [5].

Gleiches gilt für einen *Rückbau* auf das genehmigte Maß. Erforderlich ist der Antrag des Betroffenen auf Änderung der Stillegungsverfügung (und ggf. der Versiegelung als **Mittel** ihrer Vollstreckung) [6]. Die Stillegungsverfügung kann mündlich oder fernmündlich aufgehoben werden, wodurch auch ihre sofortige Vollziehung entfällt [7].

Ein Zwangsgeld darf nicht mehr festgesetzt oder vollstreckt werden, wenn

---

5 OVG Lüneburg, B.v.29.6.92
   - 6 M 3262/92,V.n.b.
6 OVG Münster, B.v.27.12.99
   - 7 B 2016/99,BauR 00,1859
7 OVG Münster, B.v.27.10.95
   - 10 B 2720/95,OVGE 45,112

der Betroffene die untersagte Nutzung unterläßt und weitere Verstöße gegen das Verbot nicht zu erwarten sind, also eine *Wiederholungsgefahr* nicht besteht [8].

Seine Androhung "für jeden Fall der *Zuwiderhandlung*" ist nicht zulässig[9]. Sie schließt zudem eine (Androhung einer) Zwangsgelderhöhung aus [10].

Die *Schlußabnahme* hindert eine Nutzungsuntersagung nicht [11].

Der Grundsatz der *Gleichbehandlung* steht einer Unterscheidung baurecht-

---

8 OVG Lüneburg, U.v.14.2.90- 4 L 78 /89,NVwZ-RR 90,605 =BRS 50 Nr. 217
9 BVerwG, GB.v.26.6.97 - 1 A 10.95,Dok.Ber.9(98),63 =DVBl 98,230 =NVwZ 98,393; OVG Lüneburg, B.v.30.11.99 - 1 L 3475/99,S. 5, V.n.b.
10 Schmaltz in: Große-Suchsdorf, Rdnr. 108 zu § 89
11 OVG Münster, U.v.20.8.92- 7 A 2702 /91,BauR 93,73 =NVwZ-RR 93,531

widriger Nutzungen nach Nutzungsart
und negativer Vorbildwirkung nicht
entgegen [12].
Wird die Nutzung untersagt, weil das
Bauvorhaben (noch) nicht gemäß Baugenehmigung fertiggestellt sei, kann
nicht die *Begründung* nachgeschoben
werden, es sei abweichend von der
Baugenehmigung gebaut worden. Dann
muß die Nutzungsuntersagung vom Verwaltungsgericht aufgehoben werden[13].

B e i s p i e l e :

Nutzungsuntersagung:
Sie haben auf einer Teilfläche des
Flurstücks 1 ohne Baugenehmigung
einen Lagerplatz errichtet. Der
Lagerplatz ist eine bauliche Anlage,

---

12 VGH Mannheim, U.v.23.11.93
   - 5 S 1992/93,NVwZ-RR 95,8
13 OVG Münster, B.v.3.5.01
   -10 B 311/01,öBaurecht BRS 01/4,19

§ 2 Abs. 1 Nr. 8 NBauO, und
unterliegt dem Genehmigungsvorbehalt
des § 68 Abs. 1 NBauO. Nach § 78 Abs.
1 NBauO darf vor Erteilung der
Baugenehmigung nicht mit der
Baumaßnahme begonnen werden.

Wir ordnen daher gegen Sie als Verantwortlichen gemäß § 89 Abs. 1 NBauO
an, die Nutzung der Teilfläche des
Flurstücks 1 als Lagerplatz zu unterlassen, und drohen ein Zwangsgeld von
... für jeden Fall der
Zuwiderhandlung an.

Widerspruch:

Ich habe keinen Lagerplatz errichtet
und weiß nicht, wo dieser sein soll.
Ich habe mein Flurstück 1 verpachtet.
Ihre Zwangsgeldandrohung ist ohnehin
unzulässig.

Widerspruchsbescheid:

Ihren Widerspruch weise ich zurück.
Ihr Pachtvertrag ist beendet, so daß
die Nutzungsuntersagung gegen Sie als
Rechtsnachfolger gilt.
Ich drohe ihnen ein Zwangsgeld von
... für den Fall Ihrer Zuwiderhandlung an.
Ich konkretisiere die Nutzungsuntersagungsanordnung der Stadt A allerdings dahingehend, daß die bauliche
Anlage folgendermaßen genau
bezeichnet wird: Lagerplatz im Mittel
ca. 90 m x 50 m.

Nutzung

Verwaltungsgericht

Über bauordnungsrechtliche Anordnun-
gen entscheidet das Verwaltungsge-
richt im Rahmen einer Klage des Be-
troffenen oder seines Antrages auf
Aufhebung oder Anordnung der **sofortigen** Vollziehung (einstweiliger
Rechtsschutz).
Der *Klage* geht ein (Widerspruchs-)
Bescheid der Bezirksregierung (§ 79
VwGO) oder 3-monatige Untätigkeit der
Behörde (§ 75 VwGO) nach Erhebung des
Widerspruchs voraus.
Gleiches gilt für den **Nachbar**n, wenn
die Bauaufsichtsbehörde eine
bauordnungsrechtliche Anordnung oder
die Anordnung ihrer sofortigen
Vollziehung ablehnt.
Sowohl Klage als auch der Antrag im
einstweiligen Rechtsschutzverfahren
sind gegen die anordnende Behörde zu
richten.

Die Klage ist nur binnen Monats nach **Zustellung** des *Widerspruchsbeschei-des*, auch per Tele- oder Computerfax[1] zulässig.

Gegen die **Mittel** zur Durchsetzung einer Anordnung ist Rechtsschutz nur begrenzt möglich: Gegen die *Androhung* und gegen die *Zwangsgeld*festsetzung sind die Klage und der *Antrag* auf Aussetzung der *Vollziehung* (vorläufiger Rechtsschutz) gleicher-maßen zulässig. Gegen die Ausführung der Ersatzvornahme, die Versiegelung und den unmittelbaren Zwang gibt es keinen Rechtsschutz [2].

Für den vorläufigen Rechtsschutz besteht keine *Frist*, jedoch ist er nach Vollziehung unzulässig. Stattdessen ist die Klage auf *Folgen-*

---

1 GmS-OGB, B.v.5.4.00
  - GmS-OGB 1.98,NJW 00,2340
  =MDR 00,1089 =BGHZ 144,160
2 Saipa, Rdnr. 6 zu § 64 NGefAG

beseitigung (§ 113 Abs. 1 Satz 2
VwGO) zu erheben.

Das Verwaltungsgericht entscheidet
über die Klage durch *erstinstanzli-
ches Urteil* und über den vorläufigen
Rechtsschutz durch *Beschluß*. Nur dem
Urteil geht eine mündliche Verhand-
lung voraus. Gegen das Urteil ist innerhalb einer Frist von einem Monat
(§ 124 a Abs. 1 VwGO) der Antrag auf
Zulassung der *Berufung*, gegen den Beschluß ist innerhalb einer Frist von
2 Wochen (§ 146 a Abs. 5 VwGO) der
Antrag auf Zulassung der *Beschwerde*
zulässig, über den das Nds. Oberver-
waltungsgericht durch Beschluß entscheidet.

Innerhalb dieser jeweiligen Frist ist
der Antrag auch zu begründen mit den
folgenden Zulassungsgründen (§§ 146
Abs.4, 124 Abs. 2 VwGO): erstens
"Verfahrensmangel", zweitens "ernst-

liche Zweifel an der Richtigkeit der
erstinstanzlichen   Entscheidung",
drittens "deren Abweichung von einer
obergerichtlichen oder höchstrichter-
lichen Entscheidung", viertens "besondere tatsächliche oder rechtliche
Schwierigkeiten der Rechtssache" oder
fünftens "deren grundsätzliche Bedeu-
tung". Mit der Zulassung wird das
Verfahren zweitinstanzlich fortge-
führt, gegen das erstinstanzliche Urteil als Berufung, gegen den erstinstanzlichen Beschluß als Beschwerde.

Die *Dauer* für das Klageverfahren beträgt erstinstanzlich ca. 14 Monate,
ca. 10 Monate für das Zulassungsverfahren und ca. 10 Monate für die zugelassene Berufung.

Das   Verfahren   des   vorläufigen
Rechtsschutzes   dauert   erstinstanzlich ca. 2 Monate, ca. 6 Wo-

chen das Zulassungsverfahren und ca.
3 Monate die zugelassene Beschwerde[3].

Ein Zwang für den Betroffenen (oder
Dritte, z.B. Nachbar), einen *Rechtsanwalt* zu beauftragen, besteht vor
dem Verwaltungsgericht nur für den
Antrag auf Zulassung der Berufung
oder Beschwerde. Er kann sich aber
von dem Rechtsanwalt seiner Wahl vertreten lassen (kein Ortszwang).

Das Verwaltungsgericht entscheidet
mit drei Berufsrichtern (vorläufiger
Rechtsschutz) und zusätzlich zwei eh-
renamtlichen Richtern (Klage)(§ 112
VwGO) oder dem Einzelrichter (§ 87 a

---

3 Übersicht über den Geschäftsanfall
   bei den Gerichten und Staatsan-
   waltschaften des Landes Niedersachsen im Geschäftsjahr 2000 (mit
   Vergleichszahlen für die Jahre
   1998 und 1999),Bek.d.MJ v. 20.3.
   2001 (1440-104.3),
   NdsRpfl.01,109 ff.(115/6) für 1999

VwGO) und nicht (nur) nach dem Par-
teivortrag [4]. Die *Gerichtskosten* wie
die außergerichtlichen Kosten trägt
in ihrer gesamten Höhe die letztin-
stanzlich unterlegene Partei (§ 154
VwGO). Die *Gebühren* eines Rechtsanwalts sind stets erstattungsfähig (§
162 Abs. 2 VwGO), auch die des
Rechtsanwalts der Behörde und auch
für deren Vertretung im Zulassungsverfahren[5], wo für sie kein
Rechtsanwaltszwang vorgeschrieben
ist. Die Gerichtskosten wie die
Gebühren eines Rechtsanwalts richten
sich nach dem gerichtlich festgesetzten *Streitwert*. Dieser [6] ist:

---

4   § 108 VwGO: "nach seiner freien,
    aus dem Gesamtergebnis des
    Verfahrens gewonnenen Überzeugung"
5   OVG Lüneburg, B.v.8.8.01
    - 1 OA 2021/01, V.n.b.
6   Streitwertannahmen des 1. und 6.
    Senats des Nds.Oberverwaltungs-
    gerichts für baurechtliche Ver-
    fahren nach dem 1.7.1994,
    NdsVBl. 95,80

bei der *Nutzungsuntersagung*

 der Jahresnutz- oder Mietwert,

bei der *Baustillegung*

 davon die Hälfte,

bei der *Beseitigungsanordnung*

 der Genehmigungswert

   (200.000,00 DM Einfamilienhaus,
    75.000,00 DM massives,
    20.000,00 DM hölzernes
          Wochendhaus,
     8.000,00 DM Gerätehütte,
          Garage/Carport,
     6.000,00 DM Wohnwagen,
     5.000,00 DM Stellplatz)

oder die angedrohten Ersatzvornahmekosten.

Die Androhung eines Zwangsmittel in der bauordnungsrechtlichen Anordnung wird nicht bewertet, die selbständige oder mit der Zwangsgeldfestsetzung verbundene Androhung mit der Hälfte des angedrohten Zwangsgeldes bewertet und die Zwangsgeldfestsetzung mit ihrem gesamten Betrag bewertet.

Dem Verfahren des vorläufigen Rechtsschutzes wird jeweils die Hälfte des Streitwertes des Hauptsacheverfahrens zugrundegelegt.

Die Gebührenhöhe ist gesetzlich (GKG, BRAGO) geregelt und verhält sich degressiv zur Streitwerthöhe. Die Vereinbarung eines geringeren *Honorars* mit dem Rechtsanwalt ist unzulässig (§ 49 b BRAO) mit der Folge, daß die Gebühren nach der BRAGO zu zahlen sind [7]. Ein höheres Honorar muß schriftlich vereinbart sein.

---

7 Riedel, Rdnr. 6 zu § 3 BRAGO

B e i s p i e l e :

Antrag:

Die Firma X-GmbH, vertreten durch mich als Geschäftsführer, Gretchenstr. 2, Stadt A, beantragt gegen die Stadt A, die aufschiebende Wirkung ihres Widerspruchs vom ... gegen den in Kopie anliegenden Bescheid der Stadt A vom ... wiederherzustellen.

Zur Begründung verweise ich auf in Kopie anliegende Widerspruchsbegründung.

Klage:

Die Firma X-GmbH, vertreten durch mich als ihren Geschäftsführer... klagt gegen die Stadt A mit dem Antrag, den Bescheid der Stadt A vom ... in der Fassung des Widerspruchsbescheides der Bezirksregierung A vom ... aufzuheben. Die Bescheide liegen in Kopie an.

| Rechtsschutz |

Widerspruch

=================================

Bauordnungsrechtliche Anordnungen,
die Androhung von **Mitteln** zu ihrer
Durchsetzung und die Zwangsgeldfestsetzung haben die **Qualität** eines Verwaltungsaktes und eröffnen deshalb
den Rechtsschutz vor dem **Verwaltungsgericht** erst nach Erhebung des Widerspruchs. Gegen die Ersatzvornahme
(wohl aber gegen den Zahlungsbescheid
ihrer Kosten), die Versiegelung und
unmittelbaren Zwang ist kein Widerspruch zulässig [1].

Der Widerspruch gegen die bauordnungsrechtliche Anordnung hat aufschiebende Wirkung, d.h., sie braucht
nicht befolgt zu werden[2], auch wenn

---

1 Saipa, Rdnr. 6 zu § 64 NGefAG
2 OVG Lüneburg, U.v.22.2.73
  - 1 A 116/72,OVGE 29,456;
  OVG Lüneburg, U.v.29.1.88
  - 1 A 243/88,BRS 48 Nr. 194

sie etwas **sofort** oder innerhalb einer gesetzten Frist anordnet. Das gilt auch für die für sie erhobenen *Verwaltungskosten* [3].

Keine aufschiebende Wirkung hat der Widerspruch gegen die Androhung von Mitteln zur Durchsetzung [4] der bauordnungsrechtlichen Anordnung. Die Durchsetzung ist aber dennoch unzulässig, da der Widerspruch gegen die bauordnungsrechtliche Anordnung aufschiebende Wirkung hat [5].

Die aufschiebende Wirkung des Widerspruchs entfällt, wenn die Bauaufsichtsbehörde die sofortige Vollziehung ihrer bauordnungsrechtlichen Anordnung anordnet.

---

3 OVG Lüneburg, B .v.25.2.74
    - VI B 135/73, OVGE 30,382
4 OVG Lüneburg, B.v.7.1.85
    - 6 B 189/84, NdsRpfl.85,264
5 § 89 Abs. 4 NBauO,
    § 64 Abs.1 NGefAG

Gegen die Durchsetzung der für sofort
vollziehbar erklärten bauordnungsrechtliche Anordnung kann der Betroffene beim **Verwaltungsgericht** die Wiederherstellung der aufschiebenden
Wirkung seines Widerspruchs beantragen. Mit dessen Erfolg verbleibt es
bei der Nichtdurchsetzbarkeit.

Für den Fall des Mißerfolgs empfiehlt
es sich, mit ihm den (z.B. wegen Vor-
greiflichkeit anderer Zwangsmittel [6]
erfolgreichen) Antrag auf Anordnung
der aufschiebenden Wirkung des Widerspruchs gegen die Androhung der
(selbst nicht anfechtbaren) Versiegelung oder des unmittelbaren Zwanges
zu verbinden.

Gleiches gilt für die *Ersatzvornahme*.
Geht es dem Betroffenen aber für den
Fall, daß sein Antrag gegen die so-

---

6 § 69 Abs. 6 NGefAG

fortige Vollziehung der bauordnungsrechtlichen Anordnung erfolglos ist,
nur um seine Kostenlast, kann er gegen den baubehördlichen Erstattungs-
bescheid Widerspruch erheben. Dieser
hat aufschiebende Wirkung, so daß es
deshalb nicht auf die sofort vollziehbare Androhung der Ersatzvornahme
ankommt. Das empfiehlt sich, wenn es
um eine bauordnungsrechtliche Anordnung und Ersatzvornahme wegen einer
Gefahr geht, da sie hinsichtlich der
Kostenlast offen ist.

Gleiches Abwarten ist bei der *Zwangsgeldandrohung* möglich. Denn die
Zwangsgeld_festsetzung_ ist ebenfalls
durch Widerspruch anfechtbar. Zur Abwendung der sofortigen Zahlungspflicht genügt dann der Antrag auf
Anordnung der aufschiebenden Wirkung
des Widerspruchs gegen die Zwangsgeldfestsetzung. Solches Abwarten
empfiehlt sich dennoch nicht, weil

die Zwangsgeldandrohung beim Antrag gegen die sofortige Vollziehung der bauordnungsrechtlichen Anordnung den Streitwert nicht gesondert erhöht und der erfolgreiche Antrag (auch) die sofort vollziehbare Zwangsgeldfestsetzung abwendet.

Der Widerspruch kann auch durch Tele- oder Computer*fax* [7] erhoben werden. Widerspruchsbefugt ist der *Rechtsnachfolger*, auch wenn an den Rechtsvorgänger die **Zustellung** der bauordnungsrechtlichen Anordnung erfolgt ist und er die **Lasten** trägt[8].

Im Widerspruchsverfahren kann die bauordnungsrechtliche Anordnung auch verschärft werden (= *Verböserung*),

---

7 GmS-OGB, B.v.5.4.00- GmS-OGB 1.98,
   NJW 00,2340 =MDR 00,1089
   = BGHZ 144,160
8 BayVGH, B.v.16.8.00
   - 19 B 99.2247,NVwZ 01,339

aber erst nach **Anhörung** [9]. Dem kann durch *Rücknahme* des Widerspruch zuvorgekommen werden.

Ein *Vergleich* zur Erledigung des Widerspruchs (z.B. mit dem Nachbarn) ist selbst dann gültig (und nicht sittenwidrig), wenn eine den Schaden/Minderung des Grundstückswerts übersteigende Zahlung vereinbart wird[10].

Bei *Erledigung* des Widerspruchs ergeht kein Widerspruchsbescheid (= Sachentscheidung), sondern es erfolgt die *Einstellung* des Verfahrens [11]. Infolgedessen hat der Widerspruchsführer auch keinen Anspruch auf *Erstattung* seiner Kosten[12].

---

9 BVerwG, B.v.19.5.99- 8 B 61.99, DokBer.9(99),301 =NVwZ 99,1218
10 BGH, U.v.2.7.98- V ZR 135/98, NJW 99,3113 =MDR 99,1259 =BauR 00,252
11 BVerwG, U.v.20.1.89- 8 C 30.87,DöV 89,641 =DVBl 89,873=BVerwGE 81,226
12 Kopp, VwVfG, Rdnr. 18 zu § 80 VwVfG, jedoch bei Umgehung der Widerspruchsstattgabe

Bei Aufhebung der bauordnungsrechtlichen Anordnung hat auf Antrag des Wi-
derspruchsführers die Widerspruchsbe-
hörde über die Kostenlast und über
die Höhe der dem Widerspruchsführer
zu erstattenden Kosten zu entscheiden. Dagegen kann die Bauaufsichtsbehörde Widerspruch erheben [13].

Die Kosten eines *Rechtsanwaltes* sind
regelmäßig erstattungsfähig[14], aber
nur nach dem sonst vom **Verwaltungsgericht** festzusetzenden Streitwert.
Hebt das Verwaltungsgericht die bau-
aufsichtsbehördliche Anordnung auf,
sind die Kosten des Widerspruchführ-
rers bzw. seines Rechtsanwaltes ebenfalls erstattungsfähig [15].

13 BVerwG, B.v.22.1.01
   - 8 B 258.00,NJW 01,326
14 Kopp, VwVfG, Rdnr.45 zu § 80 VwVfG
15 aber nur im Klageverfahren, nicht
   im Verfahren des vorläufigen
   Rechtsschutzes, z.B. OVG Weimar,
   B. v.15.9.00- 4 ZEO 167/98,
   NVwZ-RR 01,205

Beispiel:

Widerspruch:
Die Firma X, vertreten durch mich als Geschäftsführer, ..., erhebt gegen Ihren Bescheid vom ... nebst Kostenbescheid Widerspruch.
Wir können den Lagerplatz nicht beseitigen.

Abgabenachricht:
Da wir Ihren Widerspruch nicht abhelfen können, haben wir diesen gemäß § 73 VwGO der Bezirksregierung ... zur Entscheidung vorgelegt.

Zwischennachricht:
Ihr Widerspruch liegt mir zur Entscheidung vor. Da zur Zeit jedoch noch zahlreiche andere Widersprüche, die zu einem früheren Zeitpunkt eingegangen sind, zur Bearbeitung anstehen, kann eine Prüfung Ihres Widerspruchs derzeit leider noch nicht

erfolgen. Für die Verzögerung bitte
ich um Ihr Verständnis.

Anhörung:
Ich beabsichtige, auf Ihren Widerspruch den Kostenfestsetzungsbescheid
der ... vom ... dahingehend abzuän-
dern, daß Sie nicht ..., sondern ...
zu zahlen haben. Denn der Gegen-
standswert ist 3.233,33 % höher als
der Durchschnittsfall. Gemäß Tarif-
stelle Nr. 11.7 BauGO ist aber die
Gebühr auf die Höchstgebühr von ...
zu kappen. Hinzukommen ... Zustel-
lungskosten.
Ich gebe Ihnen hiermit Gelegenheit,
sich zu der vorstehend beabsichtigten
Änderung bis zum ... zu äußern.

Widerspruchsrücknahme:
Auf Ihr Anhörungsschreiben nehme ich
den Widerspruch gegen den Kostenfestsetzungsbescheid der... vom ... zurück.

Einstellung:

Das Widerspruchsverfahren gegen den Kostenfestsetzungsbescheid der ... vom ... wird eingestellt. Sie haben die Kosten des Verfahrens zu tragen. Sie haben den Widerspruch zurückgenommen. Das Widerspruchsverfahren ist somit abgeschlossen. Die Höhe der zu tragenden Kosten ergibt sich aus dem beiliegenden Kostenfestsetzungsbescheid.

Widerspruchsbescheid:

Ihren Widerspruch gegen den Bescheid der ... vom ... weise ich zurück. Ich passe die Frist zur Beseitigung des Lagerplatzes dahingehend an, daß die Beseitigung spätestens zwei Monate nach Bestandskraft der Verfügung erfolgt sein muß.
Die Kosten des Widerspruchsverfahrens haben Sie zu tragen. Die der ... im Widerspruchsverfahren entstandenen notwendigen Aufwendungen haben Sie

der ... zu erstatten, wenn diese es
bei mir beantragt.
Rechtsbehelfsbelehrung: ...

Kostenfestsetzungsbescheid nach Lan-
desrecht:
A. Kostenanlaß ...
B. Kostenfestsetzung ...
C. Zahlungsaufforderung ...
D. Rechtsbehelfsbelehrung ...
Rückseite:
Erläuterung zu Abschnitt B ...
Erläuterung zu Abschnitt C:
Sollten Sie gegen den auf der Vorder-
seite (Abschnitt A) genannten Be-
scheid (Kostenanlaß) den darin vorge-
sehenen Rechtsbehelf einlegen, so
sind die festgesetzten Kosten erst
nach Abschluß des Verfahrens zu zah-
len. .....

Vorverfahren

Zustellung

===

Der auf den **Widerspruch** des Betroffenen ergehende Widerspruchsbescheid
der Bezirksregierung ist
zuzustellen[1].

Dies ist bei der zuvor erfolgten bauordnungsrechtlichen Anordnung nicht
erforderlich, auch wenn sie wegen der
Pflicht zur Begründung des ausgeübten
Ermessen und zum *Beweis* sowie auf
Verlangen des Betroffenen schriftlich
ergeht[2] und somit bekanntzugeben ist.

Zustellungsfehler sind unheilbar,
wenn der Rechtsbehelf die Klage zum
Verwaltungsgericht (wie beim Widerspruchsbescheid) ist [3].

---

1 § 73 Abs. 3 VwGO
2 Schmaltz in:
   Große-Suchsdorf, Rdnr. 85 zu § 89
3 § 9 Abs. 2 VwZG

Ebenfalls unheilbar ist .das Fehlen
der Zustellung. Das ist z.B. der
Fall, wenn Eheleuten als Handlungsstörer nur ein Bescheid übergeben
wird [4], nicht aber, wenn auf dem Um-
schlag der durch *Postzustellungsurkunde* zugestellten Sendung der Ver-
merk des Postboten fehlt [5] oder bei
Niederlegung der Benachrichtungs-
schein fehlt [6].

Die Zustellung an den Betroffenen anstelle seines *Rechtsanwalts*, der
seine schriftliche Vollmacht vorgelegt hat, ist unwirksam [7].

---

4   Sadler, Rdnr. 25 zu § 9 VwZG-
    nicht jedoch,wenn mehrere Personen
    Bauherr, Entwurfsverfasser,Unter-
    nehmer oder Eigentümer/Besitzer
    bzw. deren Rechtsnachfolger sind,
    so Sadler, Rndr. 30 zu § 9 VwZG
5   BVerwG, B.v.31.1.01- 4 A 46/00
    (4 VR 16/00),NVwZ-RR 01,484
6   VG Hannover, U.v.23.10.97- 6 A
    4039/96,NJW 98,920 (Asylheim)
    =NdsRpfl.98,58
7   Sadler, Rdnr. 14 zu § 8 VwZG

Bei *Einschreiben* und einfachen Brief
beginnt die Frist mit dem 3. Tag nach
der behördlichen Aufgabe zur Post,
was die Bauaufsichtsbehörde im Zweifel, d.h. nur bei für einen späteren
Zugang plausibel erscheinenden
Vortrag des Betroffenen, zu beweisen
hat [8]. Das Einschreiben geht nicht
schon dann zu, wenn der
Auslieferungsschein in das Postfach
eingelegt ist, sondern erst, wenn es
dem Empfangsberechtigten ausgehändigt
wird. Wird das Einschreiben nicht ab-
geholt, liegt keine wirksame Zustellung vor [9].
Für den einfachen Brief ist beim
Postfach maßgebend der Tag (ggf. auch
Samstag [10]) der Einsortierung, nicht
der Tag der Abholung.

---

8 Engelhardt, Anm. 6 zu § 4 VwZG
   Kopp, VwVfG, Rdnr.54 zu § 41 VwVfG
9 Engelhardt, Anm. 7 zu § 4 VwZG
   Sadler, Rdnr. 31 zu § 4 VwZG
10 OVG Münster, B.v.7.3.01
   - 19 A 4216/99,NVwZ 01,1171

Die Dreitagefiktion gilt auch bei
früherem Zugang (Zustellungsprivileg)
[11] und berechnet sich nach dem Post-
stempel [12]. Deshalb muß der Briefum-
schlag aufbewahrt werden.

Fällt das Ende der *Frist* auf ein
Wochenende/Feiertag, verlängert sich
die Frist auf den darauffolgenden
Werktag [13].

Bei schuldloser *Versäumung* der Frist
kann binnen 2 Wochen nach Kenntnis
Wiedereinsetzung in den vorigen Stand
beantragt und dann gleichzeitig
Widerspruch bzw. Klage erhoben
werden. Ist die **Anhörung** unterblieben
und dadurch der rechtzeitige
Widerspruch versäumt, gilt dies als

---

11 Sadler, Rdnr. 11 zu § 4 VwZG
12 Sadler, Rdnr. 6 zu § 4 VwZG;
   Kopp, VwVfG, Rdnr.53 zu § 41 VwVfG
13 ist die Sendung z.B. am 5. zugegangen und ist der 5. des darauffolgenden Monats ein Samstag,
   endet die Frist am Montag

unverschuldet [14]. *Krankheit* oder
Urlaub sind kein *Verschulden* [15].

Versäumt der *Rechtsanwalt* die Frist,
ist dessen Verschulden dem
Betroffenen zuzurechnen.

Verzögerungen bei der
Briefbeförderung oder der Zustellung
durch die *Post* sind dem Bürger nicht
als Verschulden anzurechnen [16].

Falsche *Adressierung/Übermittlung* begründen ebensowenig [17] eine Wiedereinsetzung wie falsche *Berechnung* der
Frist [18].

---

14 § 45 Abs. 3 VwVfG
15 Kopp, VwVfG, Rdnr. 29,31
   zu § 32 VwVfG
16 BVerfG, B.v.4.4.00- 1 BvR 199
   /00,NJW 00,2657 =MDR 00,966
   BVerfG, B.v.22.9.00- 1 BvR 1059
   /00,NJW 01,744 (Freitag)
17 Ausnahme: unüblich lange Verzögerung, BVerfG, B.v.25.9.00
   - 1 BvR 2104/99, NJW 01,1566
18 Kopp, VwVfG, Rdnr. 30 zu § 32
   VwVfG, Ausnahme: falsche Auskunft

B e i s p i e l e :
Widerspruch nach falscher Zustel-
lungsweise:
Gegen Ihren Bescheid vom ... erhebe
ich als Geschäftsführer der Firma X-
GmbH Widerspruch. Mir haben Sie Ihren
Bescheid nicht übergeben, sondern dem
in der Firma beschäftigten Lehrling.
Gesetzlicher Ersatzempfänger für die
Firma X-GmbH bin aber nur ich (§§ 11
III, 3 III VwZG, § 183 ZPO).

Widerspruch mit Antrag auf Wiedereinsetzung :
Gegen Ihren Bescheid vom ... erhebe
ich Widerspruch. Gleichzeitig bean-
trage ich, mir gegen die Versäumung
der Widerspruchsfrist Wiedereinsetzung in den vorigen Stand zu gewähren. Gemäß in Kopie anliegender
Reisebuchung war ich vom ... bis zum
... im Urlaub. Ich fand Ihren
Bescheid erst am ... in meinem
Briefkasten vor. Mein Urlaub ist mir

nicht als Verschulden zuzurechnen, so
daß ich unverschuldet versäumte,
fristgemäß Widerspruch zu erheben.
Das gilt auch dann, wenn bei meiner
Urlaubsrückkehr wegen der 3-Tage-
Fiktion die Widerspruchsfrist noch
lief. Da mir gesetzlich eine
zweiwöchige Überlegungsfrist für den
Antrag auf Wiedereinsetzung zuge-
billigt ist, habe ich diese 2-Wochen-
Frist nach meiner Urlaubsrückkehr bis
zum ... und, da dieser ein Samstag
ist, verlängert bis zum Montag, den
..., auch als Überlegungszeit, ob ich
überhaupt Widerspruch erhebe. Dieses
Schreiben geht Ihnen spätestens am
Montag zu und wahrt somit diese 2-
wöchige Frist zur Überlegung und für
den Antrag auf die Wiedereinsetzung
in den vorigen Stand.

Fristbeginn

Anhang (Gesetzestexte)

1. Bundesimmissionsschutzgesetz (Auszug)

§ 13 Genehmigung und andere behördliche Entscheidungen Die Genehmigung schließt andere, die Anlage betreffende behördliche Entscheidungen ein, insbesondere öffentlich-rechtliche Genehmigungen, Zulassungen, Verleihungen, Erlaubnisse und Bewilligungen, mit Ausnahme von Planfeststellungen, Zulassungen bergrechtlicher Betriebspläne, Zustimmungen, behördlichen Entscheidungen auf Grund atomrechtlicher Vorschriften und wasserrechtlichen Erlaubnissen und Bewilligungen nach den §§ 7 und 8 des Wasserhaushaltsgesetzes; ...

§ 15 Änderung genehmigungsbedürftiger Anlagen (1) Die Änderung der Lage, der Beschaffenheit oder des Betriebs einer genehmigungsbedürftigen Anlage ist, sofern eine Genehmigung nicht beantragt wird, der zuständigen Behörde mindestens einen Monat, bevor mit der Änderung begonnen werden soll, schriftlich anzuzeigen, wenn sich die Änderung auf die in § 1 genannten Schutzgüter auswirken kann.
...

(2) Die zuständige Behörde hat unverzüglich, spätestens innerhalb eines
Monats nach Eingang der Anzeige und
der nach Absatz 1 Satz 2
erforderlichen Unterlagen zu prüfen,
ob die Änderung einer Genehmigung
bedarf.... Der Träger des Vorhabens
darf die Änderung vornehmen, sobald
die zuständige Behörde ihm mitteilt,
daß die Änderung keiner Genehmigung
bedarf, oder sich innerhalb der in
Satz 1 bestmmten Frist nicht geäußert
hat. ...

**§ 20 Untersagung, Stillegung und Be-
seitigung** (1) ...(2) Die zuständige
Behörde soll anordnen, daß eine Anlage, die ohne die erforderliche Genehmigung errichtet, betrieben oder
wesentlich geändert wird, stillzulegen oder zu beseitigen ist. Sie hat
die Beseitigung anzuordnen, wenn die
Allgemeinheit oder die Nachbarschaft
nicht auf andere Weise ausreichend
geschützt werden kann. ...
**§ 22 Pflichten der Betreiber nicht
genehmigungsbedürftiger Anlagen** (1)
Nicht genehmigungsbedürftige Anlagen
sind so zu errichten und zu betrei-
ben, daß
1. schädliche Umwelteinwirkungen verhindert werden, die nach dem Stand
der Technik vermeidbar sind,
2. nach dem Stand der Technik unver-
meidbare schädliche Umwelteinwirkun-

gen auf ein Mindestmaß beschränkt werden und

3. die beim Betrieb der Anlagen entstehenden Abfälle ordnungsgemäß beseitigt werden können.

§ 24 Anordnungen im Einzelfall

Die Behörde kann im Einzelfall die zur Druchführung der § 22 und der auf dieses Gesetz gestützten Rechtsverordnungen erforderliche Anordnungen treffen. ...

§ 25 Untersagung

(1) Kommt der Betreiber einer Anlage einer vollziehbaren behördlichen Anordnung nach § 24 Satz 1 nicht nach, so kann die zuständige Behröde den Betrieb der Anlage ganz oder teilweise bis zur Erfüllung der Anordnung untersagen. ...

(2) Wenn die von einer Anlage hervorgerufenen schädlichen Umwelteinwirkungen das Leben oder die Gesundheit von Menschen oder bedeutende Sachwerte gefährden, soll die zuständige Behörde die Errichtung oder den Betrieb der Anlage ganz oder teilweise untersagen, soweit die Allgemeinheit oder die Nachbarschaft nicht auf andere Weise ausreichend geschützt werden kann.

2. Bundesrechtsanwaltsordnung (Auszug)

§ 49 b Vergütung

(1) Es ist unzulässig, geringere Gebühren und Auslagen zu vereinbaren oder zu fordern, als die Bundesgebührenordnung für Rechtsanwälte vorsieht, soweit diese nichts anderes bestimmt. ...

3. Grundgesetz (Auszug)

Art. 13 (Unverletzlichkeit der Wohnung

(1) Die Wohnung ist unverletzlich.
(2) Durchsuchungen dürfen nur durch den Richter, bei Gefahr im Verzuge auch durch die in den Gesetzen vorgesehenen anderen Organe angordnet und nur in der dort vorgeschriebenen Form durchgeführt werden. ...

Art. 14 (Eigentum, Erbrecht und Enteignung)

(1) Das Eigentum und das Erbrecht werden gewährleistet. Inhalt und Schranken werden durch die Gesetze bestimmt.
(2) Eigentum verpflichtet. Sein Gebrauch soll zugleich dem Wohle der Allgemeinheit dienen.
(3) Eine Enteignung ist nur zum Wohle der Allgemeinheit zulässig. Sie darf nur durch Gesetz oder auf Grund eines Gesetzes erfolgen, das Art und Ausmaß der Entschädigung regelt.

Die Entschädigung ist unter gerechter Abwägung der Interessen der Allgemeinheit und der Beteilgten zu bestimmen. Wegen der Höhe der Entschädigung steht im Streifalle der Rechtsweg vor den ordentlichen Gerichten offen.

4. Niedersächsische Bauordnung (Auszug)

§ 1 Grundsätzliche Anforderungen

(1) Bauliche Anlagen müssen so angeordnet, beschaffen und für ihre Benutzung geeignet sein, daß die öffentliche Sicherheit nicht gefährdet wird. Insbesondere dürfen Leben, Gesundheit und die natürlichen Lebensgrundlagen nicht bedroht werden. Unzumutbare Belästigungen oder unzumutbare Verkehrsbehinderungen dürfen nicht entstehen. ...

§ 2 Begriffe ...

(10) Öffentliches Baurecht sind die Vorschriften dieses Gesetzes, die Vorschriften auf Grund dieses Gesetzes, das städtebauliche Planungsrecht und die sonstigen Vorschriften des öffentlichen Rechts, die Anforderungen an bauliche Anlagen, Bauprodukte oder Baumaßnahmen stellen oder die Bebaubarkeit von Grundstücken regeln.

§ 57 Bauherr (1) Der Bauherr ist dafür verantwortlich, daß die von ihm veranlaßte Baumaßnahme dem öffentlichen Baurecht entspricht. ...

§ 58 Entwurfsverfasserin und Entwurfsverfasser (1) Die Entwurfsverfasserin oder der Entwurfsverfasser ist dafür verantwortlich, daß der Entwurf dem öffentlichen Baurecht entspricht. ...

§ 59 Unternehmer (1) Jeder Unternehmer ist dafür verantwortlich, daß seine Arbeiten dem öffentlichen Baurecht entsprechend ausgeführt und insoweit auf die Arbeiten anderer Unternehmer abgestimmt werden. ...

§ 61 Verantwortlichkeit für den Zustand der baulichen Anlagen und Grundstücke
Die Eigentümer sind dafür verantwortlich, daß bauliche Anlagen und Grundstücke dem öffentlichen Baurecht entsprechen. ...

§ 62 Sonstige verantwortliche Personen
Verhalten sich andere als die in den §§ 57 bis 61 genannten Personen so, daß öffentliches Baurecht verletzt wird oder eine Verletzung zu besorgen ist, so richtet sich die Verantwortlichkeit nach § 6 des Niedersächsischen Gefahrenabwehrgesetzes.

**§ 69 a Genehmigungsfreie Wohnge-
bäude** (1) Keiner Baugenehmigung bedarf in Baugebieten, die ein Bebauungsplan im Sinne des § 30 Abs. 1 des
Baugesetzbuchs als Kleinsiedlungsge-
biete oder als reine, allgemeine oder
besondere Wohngebiete festsetzt, die
Errichtung von Wohngebäuden geringer
Höhe mit nicht mehr als zwei Wohnungen sowie von Garagen, Stellplätzen
und Nebenanlagen im Sinne des § 14
der Baunutzungsverordnung für diese
Wohngebäude, wenn ...

§ 74 Bauvoranfrage; Bauvorbescheid
(1) Für eine Baumaßnahme ist auf
Antrag (Bauvoranfrage) über einzelne
Fragen, über die im Baugenehmigungs-
verfahren zu entscheiden wäre und die
selbständig beurteilt werden können,
durch Bauvorbescheid zu entscheiden.
Dies gilt auch für die Frage, ob eine
Baumaßnahme nach städtebaulichem Planungsrecht zulässig ist. ...

§ 75 Baugenehmigung (1) Die Baugenehmigung ist zu erteilen, wenn die
Baumaßnahme, soweit sie genehmigungs-
bedürftig ist und soweit die Prüfung
nicht entfällt (§ 81 Abs. 1 Nr. 1),
dem öffentlichen Baurecht entspricht.
...

§ 78 Durchführung genehmigungsbedürftiger Baumaßnahmen

(1) Vor Erteilung der Baugenehmigung darf mit der Baumaßnahme nicht begonnen werden. Sie darf nur so durchgeführt werden, wie sie genehmigt worden ist. ...

§ 89 Baurechtswidrige Zustände, Bauprodukte und Baumaßnahmen

(1) Widersprechen bauliche Anlagen, Grundstücke, Bauprodukte oder Baumaßnahmen dem öffentlichen Baurecht oder ist dies zu besorgen, so kann die Bauaufsichtsbehörde nach pflichtgemäßem Ermessen die Maßnahmen anordnen, die zur Herstellung oder Sicherung rechtmäßiger Zustände erforderlich sind. Sie kann namentlich
1. die Einstellung rechtswidriger oder die Ausführung erforderlicher Arbeiten verlangen,
2. ..., 3. ...,
4. die Beseitigung von baulichen Anlagen oder Teilen baulicher Anlagen anordnen,
5. die Benutzung von baulichen Anlagen untersagen, insbesondere Wohnungen für unbewohnbar erklären.
(2) Die Bauaufsichtsbehörde hat ihre Anordnungen an die Personen zu richten, die nach den §§ 57 bis 62 verantwortlich sind. Nach Maßgabe der §§ 8, 80 bis 86 des Niedersächsischen Gefahrenabwehrgesetzes kann sie auch

nicht verantwortliche Personen in Anspruch nehmen. Die Anordnungen gelten auch gegenüber den Rechtsnachfolgern.

(3) Die Bauaufsichtsbehörde soll vor Anordnungen nach Absatz 1 die Angelegenheit mit den Betroffenen erörtern, sofern die Umstände nicht ein sofortiges Einschreiten erfordern.

(4) Die Bauaufsichtsbehörde kann nach Maßgabe der §§ 64 bis 74 des Niedersächsischen Gefahrenabwehrgesetzes Zwangsmittel anwenden. Sie kann ferner bauliche Anlagen, Teile baulicher Anlagen oder Arbeitsstellen versiegeln und Bauprodukte, Geräte, Maschinen und Hilfsmittel sicherstellen, soweit dies zur Durchsetzung von Anordnungen nach Absatz 1 erforderlich ist.

§ 99 Anforderungen an bestehende und genehmigte bauliche Anlagen

(1) Bauliche Anlagen, die vor dem 1.Januar 1974 rechtmäßig errichtet oder begonnen wurden oder am 1.Januar 1974 auf Grund einer Baugenehmigung oder Bauanzeige errichtet werden dürfen, brauchen an Vorschriften dieses Gesetzes, die vom bisherigen Recht abweichen, nur in den Fällen der Absätze 2 bis 4 angepaßt zu werden.

(2) Die Bauaufsichtsbehörde kann eine Anpassung verlangen, wenn dies zur Erfüllung der Anforderungen des § 1 Abs. 1 erforderlich ist.

5. Niedersächsisches Gefahrenabwehrgesetz (Auszug)

§ 64 Zulässigkeit, Zuständigkeit, Wirkung von Rechtsbehelfen

(1) Der Verwaltungsakt, der auf die Vornahme einer Handlung oder auf Duldung oder Unterlassung gerichtet ist, kann mit Zwangsmitteln durchgesetzt werden, wenn er unanfechtbar ist oder wenn ein Rechtsbehelf keine aufschiebende Wirkung hat. (2) ... (3) ... (4) Rechtsbehelfe gegen die Androhung oder Festsetzung von Zwangsmitteln haben keine aufschiebende Wirkung. § 80 Abs. 4 bis 8 der Verwaltungsgerichtsordnung ist entsprechend anzuwenden.

§ 65 Zwangsmittel

(1) Zwangsmittel sind:
1. Ersatzvornahme (§ 66)
2. Zwangsgeld (§ 67)
3. unmittelbarer Zwang (§ 69).
(2) Sie sind nach Maßgabe der §§ 70 und 74 anzudrohen.
(3) Die Zwangsmittel können auch neben einer Strafe oder Geldbuße angewendet und solange wiederholt und gewechselt werden, bis der Verwaltungsakt befolgt worden ist oder sich auf andere Weise erledigt hat.

§ 66 Ersatzvonahme (1) Wird die Verpflichtung, eine Handlung vorzunehmen, deren Vornahme durch eine andere Person möglich ist (vertretbare Handlung), nicht erfüllt, so kann die Verwaltungsbehörde oder die Polizei auf Kosten der betroffenen Person die Handlung selbst ausführen oder eine andere Person mit der Ausführung beauftragen. Für die zusätzlich zur Ausführung der Handlung erforderlichen Amtshandlungen werden Gebühren und Auslagen nach den Vorschriften des Niedersächsischen Verwaltungskostengesetzes erhoben.
(2) Es kann bestimmt werden, daß die betroffene Person die voraussichtlichen Kosten der Ersatzvornahme im voraus zu zahlen hat. Werden die Kosten der Ersatzvornahme nicht fristgerecht gezahlt, so können sie im Verwaltungszwangsverfahren beigetrieben werden. Die Beitreibung der voraussichtlichen Kosten unterbleibt, wenn die gebotene Handlung ausgeführt wird.

§ 67 Zwangsgeld (1) Das Zwangsgeld wird auf mindestens 10 und auf höchstens 100 000 Deutsche Mark schriftlich festgesetzt. Bei seiner Bemessung ist auch das wirtschaftliche Interesse der betroffenen Person an der Nichtbefolgung des Verwaltungsaktes zu berücksichtigen.

(2) Mit der Festsetzung des Zwangsgeldes ist der betoffenen Person eine
angemessene Frist zur Zahlung ein-
zuräumen. Eine Beitreibung unterbleibt, wenn die gebotene Handlung
ausgeführt oder die zu duldende
Maßnahme gestattet wird.

§ 68 Ersatzzwangshaft (1) Ist das
Zwangsgeld uneinbringlich, so kann
das Amtsgericht auf Antrag der Verwaltungsbehörde oder der Polizei die
Ersatzzwangshaft anordnen, wenn bei
Androhung des Zwangsgeldes darauf
hingewiesen ist. Die Ersatzzwangshaft
beträgt mindestens einen Tag,
höchstens zwei Wochen. ...

§ 69 Unmittelbarer Zwang
(1) Unmittelbarer Zwang ist die Ein-
wirkung auf Personen oder Sachen
durch körperliche Gewalt, durch ihre
Hilfsmittel und durch Waffen. ...

§ 70 Androhung der Zwangsmittel
(1) Zwangsmittel sind, möglichst
schriftlich, anzudrohen. Der betroffenen Person ist in der Androhung zur
Erfüllung der Verpflichtung eine angemessene Frist zu setzen; eine Frist
braucht nicht bestimmt zu werden,
wenn eine Duldung oder Unterlassung
erzwungen werden soll. Von der Androhung kann abgesehen werden, wenn die
Umstände sie nicht zulassen, insbesondere wenn die sofortige Anwendung

des Zwangsmittels zur Abwehr einer
gegenwärtigen Gefahr notwendig ist.
(2) Die Androhung kann mit dem Verwaltungsakt verbunden werden, durch
den die Handlung, Duldung oder Unterlassung aufgegeben wird. Sie soll mit
ihm verbunden werden, wenn ein
Rechtsbehelf keine aufschiebende Wirkung hat.
(3) Die Androhung muß sich auf bestimmte Zwangsmittel beziehen. Werden
mehrere Zwangsmittel angedroht, so
ist anzugeben, in welcher Reihenfolge
sie angewendet werden sollen.
(4) Wird Ersatzvornahme angedroht, so
sollen in der Androhung die voraussichtlichen Kosten angegeben werden.
(5) Das Zwangsgeld ist in bestimmter
Höhe anzudrohen.
(6) Für die Androhung unmittelbaren
Zwangs gilt § 74 ergänzend.

§ 74 Androhung unmittelbaren Zwangs
(1) Unmittelbarer Zwang ist vor seiner Anwendung anzudrohen. ...

**6. Niedersächsisches Verwaltungs-
vollstreckungsgesetz (Auszug)**

§ 2 Vollstreckungsschuldner
Als Vollstreckungsschuldner kann
derjenige in Anspruch genommen
werden, gegen den der
Leistungsbescheid gerichtet ist.

§ 3 Voraussetzungen der Vollstreckung (1) Die Vollstreckung darf erst beginnen, wenn
1. der Leistungsbescheid unanfechtbar geworden ist oder wenn Rechtsbehelfe gegen ihn keine aufschiebende Wirkung haben,
2. die Leistung fällig ist,
3. dem Vollstreckungsschuldner die Vollstreckung durch eine Mahnung angedroht worden war, es sei denn, daß diese nach § 4 nicht erforderlich ist, ...

§ 4 Mahnung ...
(4) Ohne Mahnung können vollstreckt werden
1. Zwangsgelder und Kosten einer Ersatzvornahme

§ 9 Befugnisse des Vollstreckungsbeamten (1) Soweit der Zweck der Vollstreckung es erfordert, darf der Vollstreckungsbeamte die Wohn- und Geschäftsräume und das sonstige Besitztum des Vollstreckungsschuldners betreten und durchsuchen sowie verschlossene Türen und Behältnisse öffnen und öffnen lassen, wenn
1. der Vollstreckungsschuldner dies gestattet,
2. das Amtsgericht, in dessen Bezirk die Vollstreckung stattfinden soll, dies angeordnet hat oder
3. Gefahr im Verzug ist. ...

7. Gesetz über Ordnungswidrigkeiten (Auszug)

§ 29 a Verfall (1) Hat der Täter für eine mit Geldbuße bedrohte Handlung oder aus ihr etwas erlangt und wird gegen ihn wegen der Handlung eine Geldbuße nicht festgesetzt, so kann gegen ihn der Verfall eines Geldbetrages bis zu der Höhe angordnet werden, die dem Wert des Erlangten entspricht. ...

8. Strafgesetzbuch (Auszug)

§ 73 Voraussetzungen des Verfalls (1) Ist eine rechtswidrige Tat begangen worden und hat der Täter oder Teilnehmer für die Tat oder aus ihr etwas erlangt, so ordnet das Gericht dessen Verfall an. Dies gilt nicht, soweit dem Verletzten aus der Tat ein Anspruch erwachsen ist, dessen Erfüllung dem Täter oder Teilnehmer den Wert des aus der Tat Erlangten entziehen würde. ...

9. Verwaltungsgerichtsordnung (Auszug)

§ 58 Rechtsbehelfsbelehrung (1) Die Frist für ein Rechtsmittel oder einen anderen Rechtsbehelf beginnt nur zu laufen, wenn der Beteiligte über den Rechtsbehelf, die Verwaltungsbehörde

oder das Gericht, bei denen der
Rechtsbehelf anzubringen ist, den
Sitz und die einzuhaltende Frist
schriftlich belehrt worden ist.
(2) Ist die Belehrung unterblieben
oder unrichtig erteilt, so ist die
Einlegung des Rechtsbehelfs nur innerhalb eines Jahres seit Zustellung,
Eröffnung oder Verkündung zulässig,
außer wenn die Einlegung vor Ablauf
der Jahresfrist infolge höherer Gewalt unmöglich war oder eine schriftliche Belehrung dahin erfolgt ist,
daß ein Rechtsbehelf nicht gegeben
sei. ...

**§ 67 Prozeßbevollmächtigte und Bei-
stände** (1) Vor dem Bundesverwal-
tungsgericht und dem Oberverwaltungs-
gericht muß sich jeder Beteiligte,
soweit er einen Antrag stellt, durch
einen Rechtsanwalt oder Rechtslehrer
an einer deutschen Hochschule als Be-
vollmächtigten vertreten lassen. ...

§ 68 Vorverfahren (1) Vor Erhebung
der Anfechtungsklage sind Rechtmäßigkeit und Zweckmäßigkeit des Verwaltungsakts in einem Vorverfahren nach-
zuprüfen. ....

§ 73 Widerspruchsbescheid (1) Hilft
die Behörde dem Widerspruch nicht ab,
so ergeht ein Widerspruchsbescheid.
Diesen erläßt
1. die nächsthöhere Behörde, soweit
nicht durch Gesetz eine andere höhere
Behörde bestimmt wird, ...

§ 75 Klage bei Untätigkeit der Behörde (1) Ist über einen Widerspruch oder über einen Antrag auf Vornahme eines Verwaltungsakts ohne zureichenden Grund in angemessener Frist sachlich nicht entschieden worden, so ist die Klage abweichend von § 68 zulässig. Die Klage kann nicht vor Ablauf von drei Monaten seit der Einlegung des Widerspruchs oder seit dem Antrag auf Vornahme des Verwaltungsakts erhoben werden, außer wenn wegen besonderer Umstände des Falles eine kürzere Frist geboten ist. ...

§ 79 Gegenstand der Anfechtungsklage (1) Gegenstand der Anfechtungsklage ist
1. der ursprüngliche Verwaltungsakt in der Gestalt, die er durch den Widerspruchsbescheid gefunden hat,
2. der Abhilfebescheid oder Widerspruchsbescheid, wenn dieser erstmalig eine Beschwer enthält. ...

§ 80 Aufschiebende Wirkung (1) Widerspruch und Anfechtungsklage haben aufschiebende Wirkung. ...
(2) Die aufschiebende Wirkung entfällt nur
1. bei der Anforderung von öffentlichen Abgaben und Kosten,
2. bei unaufschiebbaren Anordnungen und Maßnahmen von Polizeivollzugsbeamten, 3. ...
4. in den Fällen, in denen die sofortige Vollziehung im öffentlichen Interesse oder im überwiegenden Inter-

esse eines Beteiligten von der Behörde, die den Verwaltungsakt erlassen oder über den Widerspruch zu entscheiden hat, besonders angeordnet wird. ...
(3) In den Fällen des Absatzes 2 Nr. 4 ist das besondere Interesse an der sofortigen Vollziehung des Verwaltungsakts schriftlich zu begründen. Einer besonderen Begründung bedarf es nicht, wenn die Behörde bei Gefahr im Verzug, insbesondere bei drohenden Nachteilen für Leben, Gesundheit oder Eigentum vorsorglich eine als solche bezeichnete Notstandsmaßnahme im öffentlichen Interesse trifft.
(4) Die Behörde, die den Verwaltungsakt erlassen oder über den Widerspruch zu entscheiden hat, kann in den Fällen des Absatzes 2 die Vollziehung aussetzen, soweit nicht bundesgesetzlich etwas anderes bestimmt ist. ...
(5) Auf Antrag kann das Gericht der Hauptsache die aufschiebende Wirkung in den Fällen des Absatzes 2 Nr. 1 bis 3 ganz oder teilweise anordnen, im Falle des Absatzes 2 Nr. 4 ganz oder teilweise wiederherstellen. Der Antrag ist schon vor Erhebung der Anfechtungsklage zulässig. ...

§ 113 Urteilstenor (1) Soweit der Verwaltungsakt rechtswidrig und der Kläger dadurch in seinen Rechten verletzt ist, hebt das Gericht den Ver-

waltungsakt und den etwaigen Widerspruchsbescheid auf. ...

10.   Verwaltungsverfahrensgesetz
(Auszug)

§ 28 Anhörung Beteiligter (1) Bevor ein Verwaltungsakt erlassen wird,
der in Rechte eine Beteiligten eingreift, ist diesem Gelegenheit zu geben, sich zu den für die Entscheidung
erheblichen Tatsachen zu äußern.
(2) Von der Anhörung kann abgesehen
werden, wenn sie nach den Umständen
des Einzelfalles nicht geboten ist,
insbesondere wenn
1. eine sofortige Entscheidung wegen
Gefahr im Verzug oder im öffentlichen
Interesse notwendig erscheint;
2. durch die Anhörung die Einhaltung
einer für die Entscheidung maßgebli-
chen Frist in Frage gestellt würde;
3. von den tatsächlichen Angaben
eines Beteiligten, die dieser in
einem Antrag oder einer Erklärung
gemacht hat, nicht zu seinen
Ungunsten abgewichen werden soll;
4. die Behörde eine Allgemeinverfügung oder gleichartige Verwaltungs-
akte in größerer Zahl oder Verwal-
tungsakte mit Hilfe automatischer
Einrichtungen erlassen will;
5. Maßnahmen in der Verwaltungsvollstreckung getroffen werden sollen.

(2) Eine Anhörung unterbleibt, wenn ihr ein zwingendes öffentliches Interesse entgegensteht.

§ 32 Wiedereinsetzung in den vorigen Stand (1) War jemand ohne Verschulden verhindert, eine gesetzliche Frist einzuhalten, so ist ihm auf Antrag Wiedereinsetzung in den vorigen Stand zu gewähren. Das Verschulden eines Vertreters ist dem Vertretenen zuzurechnen.

(2) Der Antrag ist innerhalb von zwei Wochen nach Wegfall des Hindernisses zu stellen. Die Tatsachen zur Begründung des Antrages sind bei der Antragstellung oder im Verfahren über den Antrag glaubhaft zu machen. Innerhalb der Antragsfrist ist die versäumte Handlung nachzuholen. Ist dies geschehen, so kann Wiedereinsetzung auch ohne Antrag gewährt werden. ...

§ 35 Begriff des Verwaltungsaktes
Verwaltungsakt ist jede Verfügung, Entscheidung oder andere hoheitliche Maßnahme, die eine Behörde zur Regelung eines Einzelfalles auf dem Gebiet des öffentlichen Rechts trifft und die auf unmittelbare Rechtswirkung nach außen gerichtet ist. Allgemeinverfügung ist ein Verwaltungsakt, der sich an einen nach allgemeinen Merkmalen bestimmten oder bestimmbaren Personenkreis richtet oder die öffentlich-rechtliche Eigenschaft einer Sache oder ihre Benutzung durch die Allgemeinheit betrifft.

§ 37 Bestimmtheit und Form des Verwaltungsaktes (1) Ein Verwaltungsakt muß inhaltlich hinreichend bestimmt sein.

(2) Ein Verwaltungsakt kann schriftlich, mündlich oder in anderer Weise erlassen werden. Ein mündlicher Verwaltungsakt ist schriftlich zu bestätigen, wenn hieran ein berechtigtes Interesse besteht und der Betroffene dies unverzüglich verlangt. ...

§ 38 Zusicherung (1) Eine von der zuständigen Behörde erteilte Zusage, einen bestimmten Verwaltungsakt später zu erlassen oder zu unterlassen (Zusicherung), bedarf zu ihrer Wirksamkeit der schriftlichen Form. ...

§ 41 Bekanntgabe des Verwaltungsaktes (1) Ein Verwaltungsakt ist demjenigen Beteiligten bekanntzugeben, für den er bestimmt ist oder der von ihm betroffen wird. Ist ein Bevollmächtigter bestellt, so kann die Bekanntgabe ihm gegenüber vorgenommen werden.

(2) Ein schriftlicher Verwaltungsakt, der durch die Post im Inland übermittelt wird, gilt mit dem dritten Tage nach der Aufgabe zur Post als bekanntgegeben, außer wenn er nicht oder zu einem späteren Zeitpunkt zugegangen ist; im Zweifel hat die Behörde den Zugang des Verwaltungsaktes und den Zeitpunkt des Zuganges nachzuweisen. ...

§ 43 Wirksamkeit des Verwaltungs-aktes (1) Ein Verwaltungsakt wird gegenüber demjenigen, für den er bestimmt ist oder der von ihm betroffen wird, in dem Zeitpunkt wirksam, in dem er ihm bekanntgeben wird. Der Verwaltungsakt wird mit dem Inhalt wirksam, mit dem er bekanntgegeben wird.

(2) Ein Verwaltungsakt bleibt wirksam, solange und soweit er nicht zurückgenommen, widerrufen, anderweitig aufgehoben oder durch Zeitablauf oder auf andere Weise erledigt ist.

(3) Ein nichtiger Verwaltungsakt ist unwirksam.

§ 45 Heilung von Verfahrens- und Formfehlern (1) Eine Verletzung von Verfahrens- oder Formvorschriften, die nicht den Verwaltungsakt nach § 44 nichtig macht, ist unbeachtlich, wenn

1. der für den Erlaß des Verwaltungs-aktes erforderliche Antrag nachträglich gestellt wird;

2. die erforderliche Begründung nachträglich gegeben wird;

3. die erforderliche Anhörung eines Beteiligten nachgeholt wird; ...

(2) Handlung nach Absatz 1 können bis zum Abschluß eines verwaltungsgerichtlichen Verfahrens nachgeholt werden.

(3) Fehlt einem Verwaltungsakt die erforderliche Begründung oder ist die erforderliche Anhörung eines Betei-

ligten vor Erlaß des Verwaltungsaktes unterblieben und ist dadurch die rechtzeitige Anfechtung des Verwaltungsaktes versäumt worden, so gilt die Versäumung der Rechtsbehelfsfrist als nicht verschuldet. Das für die Wiedereinsetzungsfrist nach § 32 Abs. 2 maßgebende Ereignis tritt im Zeitpunkt der Nachholung der unterlassenen Verfahrenshandlung ein.

§ 46 Folgen von Verfahrens und Formfehlern

Die Aufhebung eines Verwaltungsaktes, der nicht nach § 44 nichtig ist, kann nicht allein deshalb beansprucht werden, weil er unter Verletzung von Vorschriften über das Verfahren, die Form oder die örtliche Zuständigkeit zustande gekommen ist, wenn offensichtlich ist, daß die Verletzung die Entscheidung in der Sache nicht beeinflußt hat.

11. Verwaltungszustellungsgesetz (Auszug)

§ 9 Heilung von Zustellungsmängeln

(1) Läßt sich die formgerechte Zustellung eines Schriftstückes nicht nachweisen oder ist das Schriftstück unter Verletzung zwingender Zustellungsvorschriften zugegangen, so gilt es als in dem Zeitpunkt zugestellt, in dem es der Empfangsberechtigte nachweislich erhalten hat.

(2) Absatz 1 ist nicht anzuwenden, wenn mit der Zustellung eine Frist für die Erhebung der Klage, eine Berufungs-,Revisions- oder Rechtsmittelbegründungsfrist beginnt.

Stichwortverzeichnis:

Abfallbeseitigung G
Ablehnung A
Adressierung Z
Amtsermittlungsgrundsatz G
Amtspflichtsverletzung R
Androhung M, V
Anlage I
Änderungen B, I
Anforderungen E
Anpassung G
Anschein G
Anschrift Ö
Antrag V
Auflage N
aufschiebende Ö, S
Ausgleichspflicht K
Auskunft R, T
Ausschlußfrist J
Austauschmittel T
Ausübung E
Auswahl H
Auswechselung E

Bahntrasse R
Bauantrag T
Baubeginn N
Baufortsetzung U
Baugenehmigung B,E,H,I,N,Ö,Q,R,T
Baugenehmigungsauflage D
Bauherr D, H
Baulast L, N
Baustillegung M, N, U, V
Bauvollendung M, N
Beamter R

Befolgung M, S, T
Begründung E, F, U
Behörde A, C
Bekanntgabe J
Berechnung Z
Berufung V
Beschluß V
Beschränkung L
Beschwerde V
Beseitigung E, P, S
Beseitigungsanordnung G, C, L, V
Besitzer D,H
Besitzgesellschaft H
Bestätigung Q
Bestandsschutz B, E, N
Bestandskraft H
Betreiberpflichten I
Betrieb I
Betriebsaufspaltung H
Betriebsgesellschaft H
Bewehrungsplan U
Beweis B, T, Z
Bilanzsteuerrechtlich K
Boden G
Bodengutachten G
Bodenrecht G
Brandschutzanforderung G
Briefbeförderung Z

Campingplatz Ö

Dauer V
Doppelstörer H
Dritter Q
Durchsetzung D, M, N

Ehegatte D

Eigenschaften J
Eigentümer D, H, P
Einschreiben Z
Einschreiten A, B, D
Einstellung W
Einvernehmen Q
Einwendungen A
Entfernung B
Erbe D
Erfolgsaussicht S
Erledigung U, W
Ermittlung E
Ersatzmöglichkeit R
Ersatzvornahme K, M, Q, S, W
Erschließung N
Erstattung W
Erweiterung C

Fachbehörde Ö
fahrlässig R
Fassadenreperatur Ö
Fax V, W
Fehler L
Feiertag Z
fertiggestellt E
Feststellungen Q
fiskalischen S
Folgenbeseitigung V
formelle S, Ü
Fortbestehen B
Freistellungsklausel H
Frist A, M, Q, S, U, V, Z

Gebühren V
Gefahrerforschungsmaßnahme G
Gefahrenschwelle Ö
Gefährdung Ö

Gemeinschaftseigentum D
Genehmigungsantrag C, G
Genehmigungspflicht I
Gerichtskosten V
Gesamtschuldner K
Geschäftsführung K
Gesellschafter D
Gesundheit G
Gewähr L
Gewerbeaufsichtsamt I
Gleichbehandlung E, T, U
Grenzgiebel H
Grenzmauer H
Grunddienstbarkeit N
Grundstücksverkäufer J
Gutachten G, K

Handlungsstörer H
Heilung A, E, F
Hinweise Q
Honorar V

Illegalität S, U
Intensivierung B
Interessenabwägung S

Kenntnis D, J
Klage V
Konkurs K
Konzept T
Koppelungsverbot E
Krankheit Z
Kündigung P
Kündigungsgrund P

Lagerplatz I
Lebenspartner D

Legalität B, E

Masseverbindlichkeit K
Mieter D, P
Miteigentümer H
Mitverschulden R
Mitwirkung F
mündlich Q

Nachahmungswirkung S
Nachberechnung B
Nachholung C
Name Ö
negatives Interesse R
Niederlegung Z
Nießbraucher D
Notar L, R
Notwegerecht N
Nutzung B, C, P, U
Nutzungsrecht D
Nutzungsuntersagung E, V

Pfändungs- und Überweisungsbeschluß M
Pflichten D, Ö
Post Z
Postzustellungsurkunde Z
Präklusion A
Privatrechts Ö

Rechtmäßigkeit B
Rechtsanwalt V, W, Z
Rechtsbehelfsbelehrung J
Rechtsmängel D, L
Rechtsmittel R
Rechtsnachfolger H, L, M, P, W
Rechtsunkenntnis R
Rechtswidrigkeit J

Regeln der Technik Ö
Regelung A
Rückbau U
Rücknahme B, E, F, Q, W
Rückstellung K

Sachmängel L
Sachverhalt E
Sachverständigen G
Schadensersatz F, Q, R
Schadensumfang Ö
Schadenswahrscheinlichkeit Ö
Schlußabnahme U
Schwarzbauer S
Sicherungshypothek M
Sondereigentum D
statische B
Stellungnahme A
Streitwert V

Termin S

Übermittlung Z
Umwandlung H
Umwelthaftpflicht K
Untersuchungsanordnung G
Urlaub Z
Urteil T, V, D

Verböserung W
Verfall B, Ö
Verfallanordnung K
Vergleich H, W
Verhältnismäßigkeit E, T
Verjährung J, R
Verrechnung M
Versäumung Z

Verschulden Z
Versiegelung M, S
vertragliche Ö
Vertrauensschutz C
Verunstaltung Ö
Verwalter D
Verwaltungskosten W
Verwaltungszwang M
Verzicht B, Q
Verzögerungen Z
Vollstreckung D, F, K, M, P, Q, S, V
vollziehbar S
Vorauszahlung S
Wagenburgen Ö
Wasserrecht G
Wertersatz R
Widerspruchsbescheid V
Wiederherstellung G, Ö, S
Wiederholungsgefahr U
Wirkung Ö, S
Wochenende Z
Wohnwagen Ö
Zahlungspflicht K, M
Zerstörung B
Zivilgericht R
Zugang Z
Zulassung V
Zusage T
Zusicherung B, D, J, Q
Zustandsstörer H, P
Zustimmung Q
Zutritt M, P
Zuwiderhandlung U
Zwang F, M, Q, S
Zwangsgeld M, Q, S, T, U, V
Zwangsmittelandrohung P, Q, W
4.BImSchV I, J